产教融合赋能数字贸易人才培养实践与研究

唐莉琼　陈宣佑　囤荣立　著

中国商业出版社

图书在版编目(CIP)数据

产教融合赋能数字贸易人才培养实践与研究 / 唐莉琼，陈宣佑，囤荣立著. -- 北京 : 中国商业出版社，2025. 5. -- ISBN 978-7-5208-3429-2

Ⅰ. F740.4 -39

中国国家版本馆 CIP 数据核字第 20255HY100号

责任编辑：朱丽丽

中国商业出版社出版发行

（www.zgsycb.com 100053 北京广安门内报国寺 1 号）

总编室:010－63180647 编辑室:010－63033100

发行部:010－83120835/8286

新华书店经销

北京虎彩文化传播有限公司印刷

*

787 毫米×1092 毫米 16 开 8.75 印张 153 千字

2025 年 5 月第 1 版 2025 年 5 月第 1 次印刷

定价：45.00 元

* * * *

（如有印装质量问题可更换）

前　言

在全球化进程不断加速的背景下，数字贸易作为一种全新的贸易形式，正在深刻地改变着世界经济的格局。数字贸易以数据为生产要素，运用数字技术提供数字服务，催生了大量贸易新业态、新模式。

人才是推动数字贸易发展的核心力量，数字贸易从业人员要具备极高的技术素养、创新能力和沟通能力。近年来，多地高校和科研机构纷纷探索数字贸易人才培养的新模式，通过构建数字贸易产业学院、打造产教融合综合体、推进校企共建联合实验室和实训基地等方式，不断地优化人才培养机制，提高人才培养质量。

本书从产教融合概述入手，阐述了产教融合赋能的数字贸易人才培养理论，对产教融合赋能的数字贸易人才培养模式进行了分析，讨论了产教融合赋能的数字贸易人才培养课程设计与实施，并在此基础上探究了产教融合赋能的数字贸易人才培养平台建设。希望通过本书的介绍，能够为读者在产教融合赋能数字贸易人才培养实践与研究方面提供参考和借鉴。

在写作过程中，我们参阅了相关文献资料，在此，谨向其作者深表谢忱。

由于水平有限，疏漏和缺点在所难免，希望得到广大读者的批评指正，并衷心希望同行不吝赐教。

著　者

2025 年 4 月

目录

第一章　产教融合概述

第一节　产教融合的基本概念与内涵

一、产教融合的基本概念

产教融合是指产业与教育之间的深度合作与互动，是一种通过资源共享和优势互补来提升整体效能的模式。这一概念不再局限于简单的校企合作，而是更进一步地强调教育机构与企业在人才培养、科研合作、技术创新等方面的深度协同。通过产教融合，教育机构可以直接了解产业的最新需求和发展趋势，及时调整课程设置和教学内容，从而培养出更符合市场需求的人才。这种合作模式不仅提高了教育质量，还增强了学生的职业技能和就业竞争力。

产教融合强调实践与理论相结合的教学模式，通过校企合作培养符合市场需求的人才。在传统的教育体系中，理论教学往往与实际应用脱节，导致学生在进入职场时面临较大的适应挑战。产教融合通过将企业资源引入校园，或者将学生送入企业进行实习，使学生在学习过程中就能接触到真实的工作环境和项目。这种教学模式不仅提高了学生的动手能力和实践经验，也增强了他们的创新能力和解决问题的能力，为未来的职业发展奠定了坚实的基础。

产教融合有助于提高教育质量，增强学生的职业技能和就业竞争力。通过与企业的合作，高校能够及时更新教学内容，引入最新的行业技术和知识，确保学生所学内容的实用性和前沿性。同时，企业也能通过合作获得全新的科研成果和创新思维，为自身的发展注入新的活力。产教融合的这种双向互动，不仅提高了教育的整体质量，也使学生在毕业后能够更快地适应职场环境，具备更强的竞争力。

产教融合促进了教育体系的改革与创新，为经济发展提供了持续的人才支持。在全球化和信息化快速发展的今天，产业结构和市场需求都在不断变化，传统的教育模式难以满足这种变化。产教融合通过机制创新和体制改革，推动教育体系的转型升级，使其更加灵活，适应性更强。这种改革不仅提高了教育的整体水平，也为国家和地区的经济发展提供了源源不断的人才支持，成为推动社会进步的重要力量。

二、产教融合的特征

（一）产教融合的动态适应性

产教融合不仅体现了教育与产业之间的紧密联系，还反映了教育系统在快速变化的市场环境中的灵活应对能力。现代经济环境的迅速变化要求教育课程和培训内容能够及时调整，以满足市场对新技能的需求。通过这种动态的适应性，教育机构可以提高学生的就业适应能力，使其在毕业后能够迅速融入职场并发挥作用。这种适应性不仅是对现有市场需求的回应，更是对未来趋势的预判和准备，确保教育的前瞻性和有效性。

产教融合的灵活性还体现在与产业发展的紧密结合上。教育机构通过与企业的合作，可以实时了解产业的最新动态和需求变化，从而及时调整教学内容和方法。这种合作机制不仅提高了教育的实用性和针对性，也增强了教育机构在快速变化的经济环境中的竞争力。通过这种方式，教育机构能够在保持学术严谨性的同时，提供更具实用价值的教育服务，培养出符合产业需求的高素质人才。

校企合作机制的建立是实现产教融合动态适应性的关键。通过这种机制，教育机构和企业能够实现资源的高效配置。企业可以为教育机构提供最新的行业信息和技术支持，而教育机构则可以为企业输送经过专业培训的人才。这种资源的良性互动不仅提高了教育资源的利用效率，也确保了教育内容与产业需求的高度契合，从而实现了产教融合的目标。

产教融合的动态适应性还体现在对新兴技术和行业趋势的快速响应上。教育机构通过与企业的合作，可以及时获取最新的技术动态和行业发展趋势，并将其纳入教学内容中。这种快速响应能力不仅能帮助学生掌握前沿技能和知识，也能使教育机构在技术变革的浪潮中保持领先地位。同时，也增强了学生的职业竞争力，使其能够在毕业后迅速适应和融入不断变化的职场环境中。

在产教融合的过程中，各方利益相关者通过反馈机制不断地优化合作模式，形成良性循环，进一步提高了整体教育质量。通过定期的反馈和评估，教育机构和企业可以识别出合作中的问题和不足，并及时进行调整和改进。这种持续的优化过程不仅提高了合作的有效性和效率，也增强了各方对合作的信任和依赖，从而推动了产教融合的深入发展。这种良性循环不仅对教育机构和企业有利，也为学生提供了更优质的教育和就业机会。

（二）产教融合的前瞻性

教育机构在产教融合的框架下，能够打破传统教育的壁垒，激发创新活力，进而为学生提供更多样化的学习路径与实践机会。这种多样化不仅有助于学生在学术领域的成长，还能够培养他们跨学科的综合素质，使其更好地适应未来职业发展的需求。通过与产业的深度合作，教育体系得以根据实际的产业需求进行调整，提升人才培养的针对性和有效性。

在这种背景下，产教融合的前瞻性还体现在对新兴职业和技能的预判上。教育机构能够通过与企业的合作，提前了解市场的变化趋势，并据此调整课程设置。这种提前布局不仅能够确保教育内容的前瞻性，还能培养出适应未来市场需求的专业人才。此外，产教融合通过建立长效合作机制，形成校企联动的生态系统。这种生态系统不仅实现了教育资源的高效利用，还最大化了产业价值。通过这种合作，教育机构和企业能够共享资源、共担风险，从而实现双赢。

产教融合的前瞻性还进一步体现在对教育与产业深度融合的推动作用上。通过这种融合，教育体系逐渐形成了以产业需求为导向的模式，使人才培养的过程更加贴近实际的产业需求。这种导向性不仅提升了教育的实效性，还增强了学生进入职场后的竞争力。产教融合在推动教育模式创新的同时，也为学生提供了更广阔的实践平台，使其在真实的产业环境中得到了锻炼，提升了实际操作能力。这种实践机会的提供，使学生在校期间就能积累丰富的经验，为未来的职业发展打下坚实的基础。

综上所述，产教融合的前瞻性不仅体现在教育模式的创新和改革上，还在于其对未来职业发展的敏锐洞察和提前布局。通过与产业的深度合作，教育机构能够更好地适应市场的变化，为学生提供更精准的教育服务。同时，产教融合所形成的校企联动生态系统，也为教育与产业的共同发展提供了坚实的基础。这种前瞻性的发展模式，必将在未来的教育改革中发挥更加重要的作用。

（三）产教融合的实践导向

产教融合强调实践教学的重要性，通过实习、实训等实践环节提升学生的动手能力和实际操作技能。这种实践导向使学生不仅能够在课堂上获取知识，还能在真实的工作环境中应用所学，真正做到学以致用。通过实践，学生能够更好地理解理论知识的应用场景，增强其在职场中的竞争力。

在产教融合的过程中，校企联合开发课程成为一种有效的合作模式。这种合作确保教育内容与行业需求的紧密对接，提高了人才培养的针对性。通过与企业的合作，学校能够及时更新课程内容，使其与最新的行业发展保持一致。这不仅使学生在毕业后能够迅速适应职场需求，也为企业提供了更符合其要求的人才储备，形成了教育与产业的良性互动。

企业参与课程设计与教学过程是产教融合中的重要环节。通过引入行业专家，教学质量与实践性得到了显著的提高。行业专家能够为学生带来最新的行业动态和实践经验，使教学内容更加贴合实际需求。同时，企业的参与也为学校提供了宝贵的资源和支持，促进了教学改革和创新。这种多方合作的模式，为学生提供了更全面的学习体验。

产教融合鼓励学生参与真实项目，通过项目驱动学习，增强学生的团队合作与问题解决能力。项目驱动学习是一种以项目为中心的教学方法，学生通过参与实际项目，经历从问题识别到解决方案实施的全过程。这种学习方式不仅培养了学生的实践能力，还提升了其团队合作精神和创新思维能力，为其未来的职场发展奠定了坚实的基础。

通过建立校企合作基地，产教融合为学生提供了丰富的实习机会，帮助其更好地适应未来职场环境。校企合作基地不仅是学生进行实习和实践的场所，也是学校与企业进行深度合作的平台。在这里，学生可以在真实的工作环境中锻炼自己的能力，积累经验。同时，企业也能够通过这种合作模式，发现和培养优秀人才，实现教育与产业的双赢。

三、产教融合的基本原则

（一）合作共赢原则

在产教融合中，强调教育机构与企业之间的资源共享，通过协同合作实现互利共赢的局面。教育机构提供理论知识和基础技能的培养，而企业则提供实践平台和行业经验，两者的结合能够有效弥补单方面资源的不足。通过这种方式，学生能够在理论学习的基础上，获得实践经验，从而提高自身的就业竞争力。同时，企业在合作中也能获得新鲜的学术视角和年轻的人才储备，推动自身创新能力的提高。

在产教融合中，各方利益相关者应明确各自的角色与责任，以确保合作的顺利进行和成果的最大化。教育机构需要根据企业的实际需求调整课程内容和教学方法，而企业则需要为学生提供合适的实习岗位和实践指导。双方通过签订合作协议，明确各自的权利和义务，从而避免在合作过程中出现责任不清、利益分配不均等问题。此外，定期的沟通与反馈机制也是确保合作顺利进行的重要保障。

合作共赢原则要求教育和产业双方共同制定人才培养目标，确保教育内容与行业需求的高度契合。企业的发展需要高素质的人才，而教育机构的培养目标则应与企业的用人标准相一致。通过共同制订人才培养计划，教育机构可以根据行业的发展趋势和企业的实际需求，调整课程设置和教学内容，从而提高学生的就业率和企业的满意度。这种深度合作不仅推动了教育质量的提高，也为产业的发展提供了源源不断的人才支持。

通过建立长效合作机制，合作共赢原则促进了校企之间的信任与沟通，为双方的持续合作打下了基础。长效合作机制的建立需要双方在合作之初就明确长期合作的意愿，并通过签订长期合作协议来保障合作的稳定性。定期的合作评估和反馈机制有助于双方及时发现和解决合作中存在的问题，进一步巩固合作关系。这样的机制不仅提高了合作的效率，也为校企合作的可持续发展提供了保障。

合作共赢原则还倡导多方参与，鼓励社会组织、行业协会等第三方力量的介入，进一步丰富合作的深度与广度。社会组织和行业协会能够为产教融合提供政策支持、行业信息和资源整合等多方面的帮助，从而提高合作的质量和水平。通过引入第三方力量，产教融合的参与主体更加多元，合作内容更加丰富，合作效果也更加显著。这种多方参与的模式为产教融合的深化发展提供了新的思路和路径。

（二）互补性原则

在产教融合中，强调教育机构与企业在资源、知识和技能上的互补，通过优势互补实现人才培养的最佳效果。在这一原则的指导下，教育机构与企业可以充分发挥各自的优势，形成一种相辅相成的关系。教育机构在理论知识和学术研究方面具有深厚的积淀，而企业则在实践经验和行业需求上有着独特的见解和资源。这种互补关系不仅有助于填补双方的短板，还能为学生提供更加全面的学习体验。

在产教融合的过程中，互补性原则要求教育内容与行业需求紧密结合。教育机构应及时了解行业发展的最新动态和技能需求，确保学生所学知识能够与实际工作中的技能要求有效对接。这一原则的落实可以帮助学生在毕业后更快地适应工作环境，缩短从学校到职场的过渡期，提高就业竞争力。此外，企业也可以通过与教育机构的合作，获得最新的学术研究成果和创新思维，从而推动自身的技术进步和业务发展。

通过互补性原则，教育机构与企业可以共同开发课程和培训项目，提升教育的针对性和实用性。合作开发的课程不仅能够反映行业的最新趋势，还能根据企业的实际需求进行调整和优化。这种合作模式有助于培养既具备扎实理论基础，又拥有丰富实践经验的人才。同时，互补性原则也促进了多学科交叉合作，推动教育机构与行业之间形成更广泛的合作网络。这种网络的建立不仅提高了整体教育质量，还为学生提供了更多的学习和发展机会，最终形成一个良性循环的产教融合生态系统。

（三）持续性原则

在产教融合中，强调校企合作关系应保持长期稳定，这种稳定性不仅有助于双方在合作中建立深厚的信任基础，还能够通过不断的优化和调整人才培养方案，适应市场的动态变化。长期的合作关系使教育机构和企业能够在不断变化的市场环境中保持灵活性和适应性，从而为学生提供更具针对性和前瞻性的教育内容。

持续性原则要求教育机构与企业定期评估合作效果，以确保教育内容与行业需求的持续对接。这种评估机制不仅可以帮助双方识别合作中的不足，还能推动教育内容的及时更新，提升人才培养的有效性。通过定期的评估，教育机构可以更好地了解行业的发展趋势和企业的实际需求，从而调整课程内容，使学生在毕业时能够快速适应职场环境。

为了使产教融合更有效，持续性原则鼓励建立长期的反馈机制。这种机制使教育机构和企业能够及时获取市场信息，并根据这些信息调整课程设置和培训内容。反馈机制的建立不仅可以提高教育质量，还能增强企业对合作的信心。通过持续的反馈，双方能够在合作中不断地学习和成长，从而实现教育与产业的深度融合。

持续性原则还倡导在产教融合中形成常态化的合作模式。通过这种模式，教育机构和企业可以实现资源共享与经验交流，增强各方的合作信任。这种常态化的合作不仅有助于降低合作的沟通成本，还能提高合作的效率。通过资源的共享，教育机构可以获得企业的最新技术和设备支持，而企业则可以从教育机构中获得高素质的人才储备。

另外，持续性原则强调对校企合作成果的追踪与评估。这种追踪与评估机制可以帮助双方在未来的合作中不断地改进和创新。通过对合作成果的持续关注，教育机构和企业能够识别出合作中的成功经验和不足，从而在未来的合作中进行调整和优化，提高教育与产业的融合水平。持续性原则的贯彻执行，有助于构建一个动态、开放且富有成效的产教融合生态系统。

第二节　产教融合的理论基础

一、产教融合的教育学理论基础

（一）学习生态系统理论

学习生态系统理论强调学习环境的多样性，指出学习不能局限于传统的课堂教学，还包括家庭、社区以及工作场所等多种学习场景。这种多样化的学习环境能够为学习者提供丰富的知识获取渠道和实践机会，使学习过程更加贴近真实生活和工作需求。通过将不同的学习场景相结合，学习生态系统理论支持一种更全面的教育模式，促进学习者在多元环境中获得全面发展。

该理论认为学习是一个动态的过程，受到多种因素的影响，包括学习者的个人背景、所处的社会文化环境以及技术支持等。这意味着，在产教融合的背景下，教育机构和企业需要共同构建一个支持多样化学习的生态系统，以适应不同学习者的需求。通过提供灵活的学习路径和多样化的学习资源，学习生态系统理论为产教融合提供了一个框架，帮助学习者在复杂多变的环境中持续发展。

学习生态系统理论提倡个性化学习，强调根据学生的兴趣和需求定制学习路径，以提高学习效率和参与度。这种个性化的学习策略在产教融合中尤为重要，因为它能够帮助学习者在职业教育和学术教育之间找到平衡点。通过个性化的学习路径，学生可以更好地结合理论知识与实践技能，从而在未来的职业生涯中更具竞争力。

该理论特别强调协作学习的重要性，认为通过团队合作和社交互动，学习者可以更有效地掌握知识和技能。在产教融合的实践中，协作学习不仅限于学生之间的互动，还包括与行业专家、企业导师的合作。这种多层次的协作学习环境能够促进知识的共享和创新，为学习者提供更广阔的视野。

学习生态系统理论关注学习者的主动性，认为学习者应在学习过程中扮演积极的角色，通过探索和实践来构建自己的知识体系。产教融合倡导的学习方式正是鼓励学生主动参与学习过程，通过实际项目和真实问题的解决来深化对知识的理解。这种主动学习的方式不仅提高了学生的自主学习能力，也为他们未来的职业发展奠定了坚实的基础。

（二）实用主义教育理论

实用主义教育理论强调学习的最终目标在于解决实际问题。这一理论认为，教育应与社会实际紧密结合，培养学生的实践能力和创新思维。通过将教育目标与社会需求相匹配，实用主义教育理论为产教融合提供了坚实的理论支撑。教育不再仅仅是知识的传授，而是一个引导学生通过实践来探索和解决问题的过程。这种教育理念促使学生在学习过程中不断地反思和调整，进而提升其在实际情境中应用知识的能力。

该理论主张知识的获取应通过实践和经验来实现，强调动手操作和真实情景中的学习。实用主义教育理论认为，学生在真实情境中学习，能够更好地理解和掌握知识的实际应用价值。在产教融合中，实用主义教育理论的应用体现在通过校企合作、实习实践等方式，让学生在真实的工作环境中学习和成长。这种学习方式不仅增强了学生的实际应用能力，还使他们能够更好地适应不断变化的社会需求，为未来的职业生涯做好准备。

实用主义教育理论倡导跨学科的学习方式，鼓励学生在不同领域进行知识的整合与应用。这种跨学科的学习方式在产教融合中尤为重要，因为现代社会的问题是复杂和多维的，单一学科的知识难以应对。通过跨学科的学习，学生能够更全面地理解问题，并通过整合不同领域的知识找到创新的解决方案。这种能力不仅提升了学生的综合素质，也使他们在就业市场中更具竞争力。

该理论认为，教育过程应以学生为中心，关注学生的兴趣和需求。实用主义教育理论强调通过参与式学习激发学生的主动性和创造力。在产教融合的背景下，教育机构和企业合作设计课程和项目，以学生的兴趣为导向，鼓励他们参与实际问题的解决。这种以学生为中心的教育方式，不仅提高了学生的学习积极性，也培养了他们的创新精神和解决问题的能力，为社会培养出更多符合时代需求的人才。

实用主义教育理论强调教育的持续性和适应性，认为教育应根据社会和经济发展的变化不断地调整。产教融合正是对这一理念的实践，通过灵活的教育模式和课程设置，及时响应社会和行业的变化需求。教育机构与企业的合作，使教育内容能够不断地更新和优化，以培养出能够适应时代变迁的人才。这种持续性和适应性的教育理念，为产教融合的发展提供了重要的理论支持，推动了教育与产业的深度融合。

（三）合作学习理论

合作学习理论强调学生在小组中共同完成任务，通过协作提高学习效率。这种理论认为，学习不仅是个体的认知活动，还是一个社会化的过程。在这个过程中，学生通过与同伴的互动和讨论，能够更深入地理解知识并掌握相关技能。合作学习不仅有助于提升学生的学术成就，还能增强其社会交往能力和团队合作意识，这对于未来职业发展具有重要意义。

该理论的核心理念是倡导多样化的角色分配。在合作学习中，每个学生在小组中承担不同的责任，这不仅能够培养学生的团队合作精神，还能锻炼他们的领导能力。通过在团队中扮演不同的角色，学生可以体验到不同的责任感和成就感，这有助于他们在未来的职业生涯中更好地适应多变的工作环境。此外，这种多样化的角色分配也能激发学生的学习兴趣和动机，使他们在合作中更加积极主动。

合作学习理论还特别关注学习环境的设计。有效的合作学习需要为学生提供适宜的合作空间和资源，以支持团队学习的有效性。在产教融合的背景下，这意味着教育机构和企业需要共同努力，为学生创造一个能够进行有效互动的环境。这不仅包括物理空间的安排，还涉及技术支持和资源配置。通过优化学习环境，学生能够更好地进行合作，从而提高团队学习的质量和效率。

此外，合作学习理论强调评估学生的合作能力和团队成果。传统的教育评估往往侧重于个人成绩，而合作学习理论则认为，应将评估重点放在学生的合作能力和团队成果上。这种评估方式不仅能够全面反映学生的学习成效，还能激励学生在合作中发挥更大的潜力。在产教融合的实践中，这种评估方式有助于培养学生的综合素质，使其在未来的职业生涯中具备更强的竞争力和适应能力。

二、产教融合的经济学理论基础

（一）交易成本理论

教育机构与企业之间的合作能够有效地降低沟通和协调成本。通过建立长期的合作关系，双方可以减少因信息不对称带来的交易摩擦。这种合作不仅有助于信息的流通，还能在资源共享的基础上，优化各自的运作流程，降低不必要的开支。具体来说，教育机构可以通过与企业的紧密合作，获取最新的行业信息和技术支持，从而在课程设置和教学内容上更贴近市场需求，减少因课程不匹配带来的资源浪费。

在产教融合的过程中，双方通过资源和信息的共享，能够显著降低课程开发和人才培养的成本。这种资源的整合和优化配置，不仅能提高教育和产业的资源使用效率，还能实现经济效益的最大化。企业通过参与教育过程，不仅可以减少后续的培训和招聘成本，还能确保培养的人才能够快速适应岗位需求，降低用人成本。这种双赢的机制，使产教融合成为提升经济效益的重要手段。

交易成本理论还强调，企业的参与能够减少后续培训和招聘的成本。通过在教育阶段就参与人才的培养，企业可以确保培养出的人才能够迅速适应企业的岗位需求，从而降低企业的人力资源管理成本。这种提前介入的方式，不仅缩短了人才的适应周期，还提高了企业的用人效率，增强了企业在市场中的竞争力。

产教融合通过建立标准化的合作流程和协议，能够有效地减少合作中的法律和合同成本。这种标准化的合作模式，不仅提高了合作的透明度和效率，还确保了双方利益的最大化。通过明确的合作协议，双方的权利和义务得到了清晰的界定，从而减少了因合同不明确带来的纠纷和摩擦。这种机制的建立，为产教融合的顺利进行提供了制度保障。

交易成本理论进一步表明，产教融合能够通过集成教育与产业链，降低市场进入成本，促进新兴企业和行业的快速发展。通过与教育机构的合作，企业能够更好地进行市场调研和产品开发，从而降低进入新市场的风险和成本。这种合作不仅有助于新兴企业的成长，还能增强整体经济的活力，为经济的可持续发展注入新的动力。

（二）产业集群理论

产业集群理论强调区域内企业之间的协同效应，这种效应不仅促进了企业之间的合作与竞争，还为教育机构与企业在同一集群内的深度合作提供了基础。通过这种合作，教育机构能够更精准地培养符合产业需求的人才，提升人才培养的针对性与实用性。这种协同效应的实现，要求教育机构与企业之间建立紧密的互动关系，以便在人才培养的过程中有效地融入产业发展的最新动向和需求。

首先，产业集群的形成使教育机构能够更深入地了解行业的具体需求，从而在课程设置上及时进行调整，以适应集群内企业的特定技能要求。这种调整不仅体现在课程内容的更新上，还包括教学方法的革新，以确保学生能够在毕业后迅速适应集群内企业的实际工作环境。通过这种方式，教育与产业之间的联系变得更加紧密，学生在毕业时不仅具备扎实的理论知识，还拥有相应的实践技能，使他们在就业市场上更具竞争力。

其次，产业集群理论鼓励教育机构与行业协会、研究机构等多方合作，共同推动技术创新与人才培养。这种多方合作的模式形成了一个良好的生态系统，在这个系统中，各方通过资源共享和信息交流，不断地推动技术的进步和教学内容的更新。这种合作不仅提高了教育质量，也促进了技术的快速迭代，为区域经济的发展提供了强有力的支持。教育机构在这种生态系统中，扮演着技术传播者和人才培养者的双重角色。

再次，在产业集群中，企业间的竞争与合作关系促进了教育内容的动态更新，确保了教育与产业发展的同步。这种动态更新机制使教育机构能够及时捕捉产业发展的新趋势，并将其融入教学内容中。这样一来，学生在学校就能接触到最前沿的行业知识和技术，为他们未来的职业发展奠定坚实的基础。这种同步发展不仅提高了整体的教育质量，也增强了学生的就业能力和创新能力。

最后，产业集群理论为产教融合提供了地理和行业的结合点，使教育资源的配置更加高效。通过这种结合，教育机构能够针对区域内的产业特点，合理配置教育资源，避免资源的浪费和重复建设。这种高效的资源配置，不仅促进了区域经济的整体发展，也为教育机构提供了可持续发展的动力。通过产教融合，区域内的产业和教育共同发展，实现了双赢的局面。

（三）知识经济理论

知识经济理论强调知识的创造与应用，而产教融合为教育提供了一个丰富的实践平台，促进了知识的转化与产业化。这种融合不仅是简单的资源共享，更是深层次的合作与创新。通过产教结合，教育机构能够为学生提供真实的行业背景，帮助他们将理论知识应用于实践，进而实现知识的产业化。这样的教育模式不仅提升了学生的实践能力，也加速了知识向经济价值的转化。

在知识经济的背景下，市场需求变化迅速，企业需要具备创新能力和实践技能的人才。产教融合通过校企合作，为学生提供了一个培养创新思维和实践能力的平台。这种合作模式使学生在校期间就能接触到最新的行业动态和技术发展，提高了他们的就业竞争力。同时，企业也能通过这样的合作，提前接触到潜在的人才，缩短人才培养的时间成本，从而更好地应对市场变化。

知识经济要求教育内容必须与行业发展紧密结合，以保持其灵活性和适应性。产教融合通过校企合作，确保了教育体系的动态调整能力。教育机构在与企业合作的过程中，能够及时更新教学内容，确保学生所学知识与行业需求保持一致。这种动态的教育体系不仅提高了教育的质量，也增强了学生的就业能力，使他们能够快速适应职场环境。

产教融合还促进了知识的共享与传播。通过企业与教育机构的合作，新知识的研发与应用得到了加速。企业能够利用教育机构的科研能力进行创新，而教育机构也能通过企业的实践经验丰富教学内容。这种双向的合作关系推动了经济的增长，为社会创造了更多的价值。在知识经济时代，知识的快速传播和应用是经济发展的重要驱动力。

产教融合通过建立多方合作网络，形成了知识与技术的生态系统。这样的生态系统不仅提升了整体社会的创新能力，也增强了国家竞争力。通过多方合作，知识和技术的流动更加顺畅，创新的速度和质量也得到了提高。这种合作模式为社会的可持续发展提供了强有力的支持，使知识经济时代的社会能够保持持续的创新活力和竞争优势。

三、产教融合的社会学理论基础

（一）产教融合对社会结构的优化作用

产教融合作为一种创新的教育模式，通过提高教育质量，增强了劳动力市场的整体素质，促进了社会的经济发展与稳定。这种模式强调教育与产业的紧密结合，使教育内容更加贴近市场需求，从而培养出更具竞争力的人才。通过这种方式，教育不仅注重知识的传授，更注重技能的培养和实践能力的提升。这种质的提升在劳动力市场上表现为更高的就业率和更强的经济适应能力，从而为社会的稳定和经济的持续增长提供了坚实的基础。

通过产教融合，不同社会群体获得了更多的教育和就业机会，这有助于缩小社会经济差距，促进社会公平。传统教育模式中，教育资源的分配往往存在不均，这导致了社会阶层之间的固化。而产教融合模式通过校企合作、实习实践等方式，将教育资源更广泛地分配给社会各个群体，使更多的人能够接受优质教育并获得与之匹配的就业机会。这种机会的均等化不仅有助于减少社会的不平等，还能促进社会的和谐与稳定。

产教融合还促进了知识与技能的传播，增强了社会的创新能力，推动了社会结构的优化与升级。在快速变化的全球经济环境中，创新能力是一个国家和社会竞争力的重要体现。产教融合通过将最新的产业技术和市场需求融入教育体系，使学生在学习过程中就能接触到前沿的知识和技能。这种知识与技能的传播不仅提升了个体的创新能力，也为整个社会的创新环境提供了有力的支持，推动了社会结构的不断优化和升级。

通过校企合作，产教融合为社会培养了大量符合市场需求的人才，提高了社会的整体人力资本水平。企业在合作中不仅提供了实践场所，还直接参与教育内容的设计，使学生所学与市场需求无缝对接。这种紧密的合作关系使教育输出的人才能够迅速适应市场需求，减少了教育与就业之间的脱节现象，从而提高了社会整体的人力资本水平，为经济的持续发展提供了强有力的支持。

产教融合加强了社会各界的合作与互动，促进了教育、产业与社会的深度融合，形成了良好的社会生态系统。这种深度融合不仅体现在教育和产业之间，还延伸到政府、社区等各个社会层面。通过多方的合作与互动，资源得到了更合理的配置，信息流动更加顺畅，形成了一个相互支持、相互促进的良性循环系统。这种良好的社会生态系统不仅提高了社会的整体效率，也为未来的可持续发展奠定了基础。

（二）社会资本对产教融合中信任与合作的促进

社会资本通过建立信任机制，促使教育机构与企业之间的合作更加顺畅，降低了合作中的不确定性和风险。信任作为合作的基础，是社会资本的核心要素。通过信任机制的建立，教育机构和企业能够在合作中减少摩擦，增强双方的安全感，从而使合作关系更加稳固。此外，信任的存在还能够提高信息的透明度，减少信息不对称带来的问题，为产教融合创造良好的合作环境。

社会资本的网络效应是其促进产教融合的重要途径。通过社会资本的网络效应，教育机构和企业能够共享信息和资源，增强合作的深度和广度，从而提升产教融合的整体效益。网络效应不仅体现在信息的快速传播和资源的高效配置上，还体现在知识的共享和创新能力的提升上。教育机构和企业通过网络效应，能够迅速获取最新的行业动态和市场需求，从而调整教育内容和培养目标，使教育与产业需求更加契合。

社会资本的存在能够增强各方对合作成果的期望，激励教育机构与企业在人才培养目标上达成共识，形成共同发展的动力。合作成果的期望值是合作成功的重要驱动力，社会资本通过其信任和网络效应，能够增强各方对合作成果的信心。在明确的人才培养目标下，教育机构和企业能够更加有效地配置资源，优化教育与实践的结合，推动产教融合向更高层次发展。

通过社会资本的积累，教育机构与企业能够建立长期的合作关系，促进知识与技能的持续交流与更新，提升教育的适应性。长期合作关系的建立，是产教融合可持续发展的关键。社会资本的积累不仅体现在信任的深化和网络的扩展上，还体现在合作模式的成熟和创新能力的提升上。教育机构和企业在长期合作中，不断地进行知识和技能的交流与更新，使教育能够及时响应产业变化，保持其适应性和前瞻性。

社会资本的培育有助于形成良好的合作文化，使参与各方在产教融合中更加积极主动，推动创新和实践的不断深化。合作文化是产教融合的重要软实力，良好的合作文化能够激发各方的积极性和创造力。社会资本通过信任和网络效应，促进合作文化的形成，使教育机构和企业在合作中更加开放和包容，推动创新思维的产生和实践活动的深化，从而不断地提高产教融合的质量和效益。

（三）社会网络在产教融合中的作用

社会网络促进了教育机构与企业之间的沟通与协作。通过这一平台，教育机构能够迅速获取行业动态和市场需求的信息，从而及时调整课程设置。这种信息的快速流动性不仅提高了人才培养的针对性，还使教育内容更贴近实际产业需求，实现了理论与实践的有效结合。

社会网络的另一个重要作用在于加强校企之间的联系，促进资源的有效配置。通过社会网络，企业能够及时了解教育机构的教学方向和人才培养情况，而教育机构也能获取企业的最新发展需求和技术动向。这种双向的信息交流不仅提升了教育与产业的协同发展能力，还为双方的合作提供了更多的可能性。通过资源的共享和优化配置，教育和产业之间的界限逐渐模糊，形成了更加紧密的合作关系。

在社会网络的支持下，行业专家与教育工作者之间的互动频繁，为教育内容的创新与更新提供了新的动力。专家能够通过网络平台分享最新的行业技术和发展趋势，教育工作者则可以将这些信息融入教学内容中，提高教学质量。这种互动不仅推动了教育内容的现代化，还为学生提供了接触前沿知识的机会，使其在毕业后能够更好地适应快速变化的行业环境。

此外，社会网络为产教融合中的各方提供了广泛的合作机会，促进了多方参与。这种广度和深度的合作不仅限于教育机构和企业，还包括政府部门、行业协会和其他相关组织。通过社会网络，各方能够在同一平台上进行交流和合作，分享资源和经验。这种多方参与的模式增强了合作的广度和深度，为产教融合的可持续发展奠定了坚实的基础。

第三节 产教融合的重要意义与价值

一、提高高校学科实力与科研水平

（一）推动高校学科多元化与交叉学科研究

通过加强与行业的联系，高校能够根据行业的最新需求和发展趋势，灵活调整和优化学科设置。这种灵活性使高校能够更快地适应社会和经济的变化，为学生提供更具实用性的教育内容。此外，产教融合的实施还促进了高校与企业之间的合作，推动了交叉学科的研究。通过这种合作关系，高校能够结合不同学科的知识，进行创新性的研究，促进知识的融合与发展。这不仅提高了学科的创新能力，也为社会提供了更多的科研成果。

高校在产教融合的过程中，还能够吸引到大量的行业专家参与课程设计和科研项目。这些行业专家带来的实践经验和行业视角，为高校的学科建设注入了新的活力，使学科更具实践性和应用性。通过这种方式，学生能够在学习过程中接触到前沿的行业知识，提升自身的实践能力和适应能力。同时，行业专家的参与也有助于高校科研水平的提高，推动高校在相关领域取得更大的突破性进展。

产教融合还鼓励高校开展多学科联合研究项目，形成跨学科的研究团队。这种团队合作的方式，不仅促进了不同学科之间的知识交流和融合，也为学术成果的转化与应用提供了良好的平台。通过联合研究，高校能够更好地将理论研究与实际应用结合起来，为社会提供更具价值的科研成果。这种跨学科的合作模式，不仅提高了高校的科研水平，也为社会的创新发展提供了重要的支持。产教融合在推动高校学科多元化和交叉学科研究方面，展现出了巨大的潜力和价值。

（二）增强高校科研与产业发展的互联互通

通过建立科研与企业需求对接机制，高校能够确保其研究方向与产业实际需求紧密相连。这不仅提高了科研成果的应用价值，也使研究更具现实意义。高校在选择研究课题时，若能充分考虑企业的实际需求，将有助于科研成果的有效转化与应用。这种机制的建立需要高校与企业之间的深入沟通与协作，从而实现资源的优化配置和利益的最大化。

推动高校与企业共同开展技术研发项目，是实现科研成果快速转化和产业化的重要途径。通过合作开发，高校的科研优势与企业的市场优势能够得到充分结合，从而加速技术创新与成果转化。这样的合作不仅能提升科研项目的实际应用价值，还为企业带来了新的技术支持和创新动力。高校与企业在合作中可以共同承担风险与收益，形成利益共同体，这将进一步推动产学研的深度融合。

鼓励高校科研人员参与企业实践，有助于增强他们对行业需求的理解，促进科研成果的市场适应性。科研人员在企业实践中能够直观地感受到市场的变化与需求，从而调整研究方向，使其更加贴近实际应用。这种实践经历不仅扩大了科研人员的视野，也为他们提供了新的研究灵感和思路。同时，企业也能从中受益，通过科研人员的专业知识提高自身的技术水平和创新能力。

建立科研成果共享平台，是促进高校与企业之间信息交流与资源共享的有效手段。通过这样的平台，高校和企业可以实现科研信息的快速传递与共享，避免重复研究，提高科研效率。资源共享能够为双方节省大量的时间与成本，提高成果转化率。这样的共享机制需要多方的协作与支持，确保信息的开放性与安全性，从而实现高校与企业的双赢。

通过校企联合培养，能够增强学生的实践能力和创新思维，为企业输送高素质的科研人才。在联合培养中，学生不仅能够接受系统的理论教育，还能通过企业实践积累丰富的实战经验。这种培养模式为学生提供了更广阔的学习平台，使他们在毕业后能够迅速适应企业环境，为企业的发展注入新鲜血液。同时，企业也能够通过这种方式提前接触和培养适合自身需求的潜在员工。

二、提升企业知名度与品牌形象

（一）提高企业产品和服务的曝光率

通过产教融合，企业不仅能够在教育机构内开展品牌宣传活动，还能直接接触到潜在客户和合作伙伴，从而提升品牌的市场认知度。教育机构作为知识传播和人才培养的重要平台，具有广泛的社会影响力。企业通过与这些机构建立合作关系，可以在校园内开展各种形式的品牌宣传活动，如讲座、展览和校园招聘等。这些活动不仅能够直接影响在校学生，还能通过学生的社交网络进一步扩大品牌的影响力。

企业参与课程设计和实践项目，为其产品和服务的展示提供了一个绝佳的机会。在教学过程中，企业可以将其产品和服务融入课程内容中，增加学生和行业内人士对其品牌的了解。这种直接的产品展示，不仅可以提高学生对企业的认知和兴趣，还能为企业带来潜在的消费者和未来的合作伙伴。通过这种方式，企业能够在教育界建立起良好的声誉，并在潜移默化中提升其市场地位。

此外，企业通过与高校合作举办行业研讨会和技术交流会，能够有效地展示其最新的产品和技术。这种展示不仅吸引了行业内的专业人士，也吸引了对该领域感兴趣的学生和学者。通过这些活动，企业能够提高在行业内外的关注度与认可度，树立技术领先和创新的品牌形象。这种行业内外的认可，不仅提升了企业的市场竞争力，也为其未来的发展奠定了坚实的基础。

企业通过实习和培训项目，让学生直接体验其产品和服务，是提升品牌形象的另一有效途径。在实习过程中，学生能够深入了解企业的运作模式和产品特色，从而在学生群体中树立良好的口碑。学生作为未来的消费者和行业从业者，其对企业的认知和评价将直接影响企业的市场声誉。因此，通过产教融合，企业能够在学生群体中树立积极的品牌形象，为其未来的市场拓展创造有利的条件。

最后，参与产教融合的企业还可以通过教育机构的渠道发布产品信息和市场活动。教育机构的影响力和传播渠道，为企业提供了一个扩大产品和服务曝光率的有效平台。通过这些渠道，企业能够将其最新的产品信息和市场活动迅速传递给广大学生和社会公众，从而实现更广泛的市场覆盖和品牌推广。这种借助教育机构影响力的策略，不仅提升了企业的市场影响力，也为其品牌的长期发展提供了持续的动力。

（二）提升品牌认同感

通过参与产教融合，企业能够在多个层面展示其专业性和技术实力，从而增强客户对品牌的信任感。尤其是在技术密集型行业，企业通过与高校的深度合作，能够将其在研发和创新方面的优势充分展现出来。这不仅有助于提升企业的市场地位，还能在潜在客户和合作伙伴中树立良好的品牌形象，增强品牌的市场影响力。

企业在高校设立奖学金或实习项目，是提升品牌社会责任形象的有效途径。通过这些举措，企业不仅能够吸引更多消费者的关注，还能为社会贡献力量，履行企业的社会责任。这种以社会公益为导向的品牌策略，能够在消费者心中树立起正面的品牌形象，进而促进消费者对品牌的忠诚度。此外，企业通过这些项目，可以接触更多的优秀人才，为企业的长远发展储备力量。

与教育机构的合作，使企业能够直接影响人才的培养过程，确保未来劳动力的素质与企业品牌价值观一致。通过参与课程设计和教学活动，企业可以在教育阶段就开始影响学生的职业观念和技能培养。这种深度合作不仅有助于企业在行业内树立良好的声誉，还能确保企业在未来的人才竞争中占据优势。同时，企业通过这种合作，也能为行业的发展贡献力量，提升其在行业内外的品牌影响力。

积极参与产教融合项目，企业能够通过媒体宣传和社会活动提高品牌曝光率，增强市场竞争力。在信息化时代，企业的每一次成功合作和项目参与都可能成为媒体关注的焦点，通过这些曝光，企业可以有效地扩大其品牌影响力。此外，通过在社会活动中的积极表现，企业可以进一步强化其品牌形象，吸引更多的消费者和合作伙伴。这样，企业不仅能够在市场中占据有利地位，还能在行业发展中扮演重要角色。

（三）增强企业社会责任形象

通过参与产教融合，企业能够积极支持教育事业，展现其对社会发展的责献，从而增强社会责任感。企业与高校的合作，不仅促进了教育资源的共享，还为企业提供了一个展示其社会责任的平台。通过这样的合作，企业能够在社会公众中树立起负责任的形象，赢得更广泛的社会认可与支持。

企业与高校合作开展公益项目，为贫困地区学生提供教育资源，是企业履行社会责任的具体体现。这样的合作不仅能够为贫困地区的学生带来实实在在的帮助，也能够提升企业的社会影响力。在这些项目中，企业通过提供资金、技术支持和人力资源，与高校一起帮助学生获得更好的教育机会。这种合作形式不仅增强了企业的社会责任形象，还展示了企业对社会公平与教育发展的关注和投入。

参与产教融合使企业能够直接参与人才培养，帮助学生掌握行业所需技能，这不仅体现了企业对社会的责任与担当，也为企业自身的发展储备了人才。通过与高校的合作，企业可以参与课程设计、实习安排等环节，确保学生在毕业时具备实际工作所需的技能。这种双赢的合作模式，不仅提高了学生的就业能力，也提升了企业在社会中的声誉。

企业通过资助科研项目和教育创新，推动社会知识的传播与应用，进一步增强其社会责任形象。在产教融合的背景下，企业可以通过资助高校的科研项目，推动技术创新和知识进步。这种支持不仅有助于提升高校的科研能力，也为企业自身的技术发展提供了支持。通过这样的合作，企业能够在社会知识的传播和应用中扮演重要的角色，增强其在社会中的责任形象。

在产教融合中，企业通过提供实习机会，帮助学生顺利进入职场，展现其对年青一代发展的关心与支持。通过实习项目，企业为学生提供了一个了解行业、积累经验的平台，使学生能够更好地适应职场环境。这样的举措，不仅有助于学生的职业发展，也体现了企业对年青一代成长的支持与关注。这种关心与支持，进一步提升了企业的社会责任形象，增强了企业在公众心目中的良好形象。

三、促进教育与产业的深度融合

（一）发挥产业在教育课程设置中的核心作用

产业的快速发展和技术的不断革新对教育提出了新的要求，要求教育机构培养出能够适应现代化工作环境的人才。因此，产业需求导向的课程设计显得尤为重要。通过与产业的紧密结合，教育机构能够确保学生所学的知识与实际工作技能紧密结合，从而提高学生的就业竞争力。在这种背景下，课程设计不再是单纯的学术训练，而是将理论与实践相结合，使学生在毕业时就能够迅速适应职场需求。

校企合作是实现这一目标的关键途径。通过与企业的合作，教育机构可以及时更新课程内容，确保课程能够反映行业的最新动态和技术进步。这种合作不仅可以提升教育的前瞻性和适应性，还能够使学生接触到最前沿的行业信息和技术手段。校企合作的模式多种多样，包括联合开发课程、企业专家授课、学生实习项目等，这些都为学生提供了宝贵的学习机会，使他们在校期间就能积累实际工作经验。

为了实现教育与产业的深度融合，建立企业与教育机构的长期合作机制是至关重要的。这种合作机制可以确保课程设置与行业发展趋势的动态对接，避免课程内容的滞后性和不适应性。通过定期的沟通和交流，教育机构可以根据行业的变化调整课程内容，企业也可以通过反馈教育机构的培养效果来优化人才培养方案。这种双向的互动不仅促进了教育与产业的深度融合，也为学生提供了更广阔的发展空间和机会。

（二）强化产业专家在教学中的指导与评估

产业专家不仅能够为教育提供专业的行业视角，还能确保课程内容的实用性和前瞻性。通过参与课程设计，产业专家可以帮助教育机构将课程与行业标准和最新技术动态相结合。这不仅提升了课程内容的实用性，确保学生在学习过程中接触到最前沿的行业知识和技能，而且增强了教育的前瞻性，使学生在毕业后能够迅速适应行业需求，实现无缝对接。同时，产业专家的参与也有助于提升课程的创新性，培养学生的创新思维和实践能力，为未来的职业发展奠定坚实的基础。

定期邀请产业专家进行课程评估是确保教育质量的重要手段。产业专家通过对课程的深入评估，可以发现课程内容和教学方法中的不足，并提供专业的反馈意见。这种反馈机制不仅能够帮助教育机构及时调整和优化课程内容，使其更符合行业发展的实际需要，还能促进教学方法的改进，提高教学的有效性和吸引力。此外，产业专家的评估也为教育机构提供了一个了解行业需求变化的窗口，使其能够在课程设置上作出前瞻性的调整，以应对未来的挑战和机遇。这种动态的反馈和调整机制，确保了教育质量的持续提高。

建立产业专家与教师的合作机制，是促进教学资源共享与交流的关键措施。通过这种合作机制，教师可以从产业专家那里获取最新的行业信息和技术动态，提升自身的行业认知和教学能力。这种交流不仅有助于教师更新教学内容，丰富教学手段，还能激发教师的创新思维，推动教学改革。此外，产业专家与教师的合作也有助于构建一个开放的教育生态系统，在这个系统中，教育与产业之间的边界逐渐模糊，形成一种良性互动的关系。这种关系不仅有助于提升教育的实用性和针对性，还能为学生提供更多的实践机会，增强其就业竞争力。

四、提升人才综合素养

（一）提高批判性思维能力

在当今快速变化的社会和经济环境中，批判性思维能力的提升对人才的综合素养具有重要意义。批判性思维能力通常被定义为一种能够分析、评估和重构信息的能力，是个人在面对复杂问题时作出合理判断的基础。它不仅在学术研究中至关重要，也是职业生涯中必不可少的技能。在产教融合的背景下，教育机构和产业界共同努力，通过多种途径提升学生的批判性思维能力，从而培养出适应未来社会需求的人才。

项目驱动学习是一种有效的教学策略，通过让学生参与实际项目，帮助他们在真实情境中锻炼独立思考和解决问题的能力。在这种学习模式下，学生不仅需要运用所学的理论知识来解决实际问题，还需要在项目的各个阶段进行自我反思和评估。这种方法能够有效地培养学生在面对复杂问题时的独立思考能力，使他们在未来的职业生涯中能够灵活地应对各种挑战。

建立讨论与辩论机制是提升学生批判性思维能力的另一重要途径。在课堂上，教师可以通过设置开放性问题，引导学生进行讨论和辩论，鼓励他们表达个人见解，并积极接受他人的批评意见。这种互动式的学习环境能够增强学生的思辨能力，使他们在面对不同观点时能进行理性分析和判断。同时，讨论与辩论也有助于提高学生的沟通能力和团队合作精神，这些都是现代职场中不可或缺的素质。

整合跨学科知识是提高学生综合判断能力的重要策略。在产教融合的教育模式下，学生有机会接触来自不同学科的知识，这种跨学科的学习方式能够帮助他们从多角度分析问题，培养全面的思维方式。例如，在一个涉及技术与市场的项目中，学生需要同时考虑技术的可行性和市场需求，这要求他们具备整合不同领域知识的能力。通过这样的学习过程，学生不仅能提高自身的综合判断能力，还能在未来的工作中更好地应对复杂的跨学科挑战。

（二）培养学生的创新创业精神

通过产教融合，教育机构能够与产业界紧密合作，为学生提供一个多元化的学习环境，使他们能够在理论与实践的交会中培养创新思维和创业意识。这一过程不仅有助于学生个体的发展，也为社会培养了更多的创新型人才。

通过实践项目激发学生的创新思维，鼓励他们在真实情境中提出独特的解决方案，是培养创新创业精神的有效途径。实践项目的设计应当结合实际产业需求，鼓励学生在解决现实问题的过程中运用所学知识，进行创造性思考。这种实践导向的学习模式，不仅提升了学生的动手能力和问题解决能力，还促进了他们对学科知识的深刻理解和应用能力的提高。通过在真实环境中锻炼，学生更能体会到创新的价值，并激发其内在的创业动力。

建立创业孵化平台，为有创业意向的学生提供资源支持和理论指导，帮助他们将创意转化为实际项目，是产教融合的一项重要举措。这些平台通常由高校与企业合作设立，提供包括办公空间、技术支持、资金资助等在内的多种资源，以帮助学生将创新想法付诸实践。通过专业导师的指导和行业专家的建议，学生能够在创业初期获得宝贵的经验和知识，降低创业风险，增加成功的可能性。这种支持体系不仅是对学生创业能力的培养，还是对未来创业生态的积极推动。

开展创新创业课程，教授学生商业计划书撰写、市场调研和财务管理等实用技能，提升其创业能力。这些课程通常由具有丰富实践经验的教师授课，内容涵盖从创业构思到企业运营的各个环节。通过系统的学习，学生不仅能够掌握创业所需的基本技能，还能在模拟商业环境中锻炼决策能力和团队协作能力。这种教育模式强调理论与实践的结合，致力于培养学生的综合素质，使其在未来的职业生涯中具备更强的竞争力。

鼓励学生参与跨学科团队合作，促进不同领域知识的融合，激发创新灵感和创业想法，是产教融合的重要实践。在多学科背景下，学生能够接触不同的思维方式和专业知识，通过团队合作实现知识的交叉应用。这种合作不仅拓宽了学生的视野，也为创新提供了更广阔的空间。通过与不同学科的同学合作，学生能够在交流中碰撞出新的创意火花，形成具有实际应用价值的创新方案，进一步培养其创新创业能力。

（三）提升实践动手能力

通过实习项目，学生能够在真实的工作环境中运用课堂上所学的理论知识，这是理论与实践结合的关键环节。实习项目不仅为学生提供了一个观察和体验行业实际运作的机会，还使他们能够在导师的指导下，逐步掌握和熟练运用行业所需的技能。这种在真实环境中的学习体验，不仅提高了学生的实际操作能力，也增强了他们对未来职业发展的信心和适应能力。

在产教融合的框架下，实验室和工作坊的设立为学生提供了更多动手实践的机会。这些实践场所通过模拟真实的工作环境，帮助学生增强实验技能和技术应用能力。实验室和工作坊的课程设计通常结合最新的行业技术和设备，使学生能够接触到前沿的技术应用。这种实践教学模式，不仅提升了学生的动手能力，也培养了他们的创新思维和技术应用能力，为他们未来的职业生涯奠定了坚实的基础。

与企业合作开发实训课程是产教融合的重要组成部分。这些课程根据行业需求设计实践项目，使学生能够在校期间就接触真实的行业问题。通过参与这些课程，学生不仅能够积累实战经验，还能培养出色的问题解决能力。企业的参与确保了课程内容的实用性和前沿性，使学生在毕业时能够迅速融入职场，满足行业的需求。这种教育模式的创新，极大地提高了学生的就业竞争力和职业发展潜力。

课外实践活动也是提升学生实践动手能力的重要途径。通过参与社会服务或创新挑战赛，学生有机会将所学知识应用于解决实际问题，并在此过程中培养团队的协作精神。这种实践活动不仅丰富了学生的学习经历，也增强了他们的社会责任感和创新能力。课外实践活动的多样性和开放性，为学生提供了一个广阔的舞台来展示和发展他们的综合素养，使他们在未来的职业道路上更具优势。

第二章　产教融合赋能的数字贸易人才培养理论

第一节　人才培养目标与任务

一、人才培养目标

（一）培养数字贸易人才的创新思维

数字贸易人才不仅要具备创造性地解决问题的能力，还需要能够在复杂多变的市场环境中迅速适应和创新。通过产教融合，教育机构与行业企业共同设计课程和实践项目，以激发学生的创新潜力。这种合作模式能够为学生提供真实的商业环境，使他们在实践中锻炼创新思维能力，并在面对市场挑战时，能够提出独特的解决方案。

培养批判性思维能力也是数字贸易人才培养的重要组成部分。批判性思维使学生能够分析和评估复杂的市场信息和数据，从而作出明智的决策。在数字贸易中，市场信息瞬息万变，数据量庞大且复杂，因此，人才需要具备快速分析和判断的能力。通过案例分析和模拟项目，学生可以在真实情境中锻炼批判性思维能力，从而提高他们在数字贸易领域的竞争力。

跨学科思维是数字贸易人才培养的另一重要目标。数字贸易涉及经济、技术、社会等多个领域，人才需要能够在这些领域之间建立联系，从而更好地理解市场动态。产教融合的教育模式鼓励学生跨学科学习，通过多学科的课程设置和项目合作，学生能够在不同领域之间进行知识迁移和整合，为数字贸易的创新提供新的视角和思路。

解决问题能力是数字贸易人才在快速变化的市场环境中取得成功的关键。通过产教融合，学生可以在企业实践中锻炼解决问题的能力，面对实际的商业挑战，他们需要快速反应，并提出创新的解决方案。这种能力的培养不仅依赖课堂教学，还需要通过真实的商业项目和企业合作来实现，从而增强学生的实践能力和市场适应力。

激发创业精神是培养数字贸易人才的重要目标。在数字经济时代，市场机会层出不穷，鼓励学生探索新商业模式和市场机会，能够激发他们的创业精神。通过产教融合，学生可以接触企业家的成功经验和创业故事，从中获得启发和动力。创业精神的培养不仅有助于个人职业发展，也为数字贸易行业注入了新的活力和创新动力。

提升数字化素养是数字贸易人才培养的基础。数字化素养包括熟练运用新兴技术工具进行市场分析和决策支持的能力。在数字贸易中，数据分析、人工智能、区块链等技术的应用日益广泛，人才需要掌握这些技术工具，以提高工作效率和决策质量。通过产教融合，学生可以在实践中学习和应用这些技术，提升自身的数字化素养，为未来的职业发展奠定坚实的基础。

（二）提升数字化技能与传统贸易技能

在当前全球数字化浪潮的推动下，数字贸易人才的培养必须兼顾数字化技能与传统贸易技能的提升。这一目标不仅是为了适应快速变化的市场需求，还是为了确保人才能够在复杂的国际贸易环境中脱颖而出。提升数字化技能包括培养学生对大数据的分析能力，使他们能够有效处理和解读大数据，从而为企业决策提供坚实的数据支持。通过系统的学习和实践，学生将能够掌握数据分析工具，理解数据背后的商业价值，以便在实际工作中作出更明智的决策。

与此同时，加强数字营销技能也是数字贸易人才培养的重要组成部分。随着电子商务的快速发展，掌握在线营销工具和策略已成为提升品牌市场影响力的关键。通过产教融合的方式，学生可以在真实的商业环境中学习如何制定和实施数字营销策略，从而提高品牌的知名度和市场竞争力。这样的实践经验不仅可以帮助学生更好地理解市场动态，还能使他们在未来的职业生涯中更具竞争优势。

此外，培养学生的电子商务平台操作能力也是不可或缺的。随着各类电商平台的兴起，熟悉这些平台的使用及其运营模式成为数字贸易人才的基本要求。通过产教融合，学生可以在学校和企业的双重指导下，深入了解电商平台的功能和运营策略，从而在未来的工作中更好地服务于企业和客户。这样的教育模式不仅提升了学生的实践能力，也增强了他们的市场适应性。

网络安全意识的强化同样是培养数字贸易人才的重要环节。在信息化程度日益提高的今天，网络安全问题已成为企业面临的重大挑战。确保数字贸易人才能够识别和应对网络安全威胁，保护企业和客户的信息安全，是产教融合的核心任务。通过理论与实践相结合的教学模式，学生将能够掌握最新的网络安全技术和策略，从而在未来的工作中有效保障信息安全。

最后，提升外语沟通能力也是数字贸易人才培养的重要目标。国际贸易的蓬勃发展要求人才具备良好的外语沟通能力，以便在国际市场中进行有效交流，拓展合作机会。通过产教融合，学生可以在真实的国际商务环境中锻炼语言技能，增强跨文化交流能力，从而在全球化的商业舞台上发挥更大的作用。这样的培养模式不仅提升了学生的语言能力，也为他们的职业发展提供了更多的可能性。

（三）增强数字贸易人才的实践能力

为了培养具备实际操作能力的数字贸易人才，产教融合的教育模式强调实践能力的提升。通过实习项目，学生能够在真实的商业环境中应用课堂所学的知识，这不仅提高了他们的实际操作技能，还为他们提供了宝贵的行业经验。实习项目通常与企业合作进行，学生在企业中担任实习生，参与具体的贸易活动，从而对整个贸易流程有更深入的理解。这种实践导向的教学方法，使学生在毕业后能够迅速适应职场需求，成为行业中的合格人才。

为了进一步增强学生的实践经验，创建模拟贸易环境是一个有效的策略。在模拟环境中，学生可以在虚拟市场中进行交易和决策，这种环境为学生提供了一个安全的学习平台，允许他们在不承担真实风险的情况下进行尝试。通过这种方式，学生能够更好地理解市场动态和交易策略，培养他们的决策能力和市场敏感度。此外，模拟环境还可以根据不同的教学目标进行调整，从而为学生提供多样化的学习体验，帮助他们在不同的市场情境下锻炼技能。

行业讲座和工作坊也是增强学生实践能力的重要途径。通过邀请数字贸易领域的专家举办讲座，学生可以直接接触行业的最新动态和发展趋势。这些专家分享的真实案例和经验，为学生提供了宝贵的实践基础。此外，工作坊的形式使学生能够与专家进行面对面的交流，解决他们在学习过程中遇到的具体问题。这种互动式的学习方式，不仅丰富了学生的知识储备，还帮助他们建立了与行业专业人士的联系，为未来的职业发展奠定了基础。

跨学科的实践课程是培养全面数字贸易人才的关键。数字贸易不仅涉及技术，还需要市场和法律等多方面的知识。通过跨学科课程，学生可以将不同领域的知识整合应用于实际问题中。这种课程设计鼓励学生进行跨领域的思考和创新，使他们在面对复杂的贸易环境时，能够提出全面而有效的解决方案。这种综合性的能力，是数字贸易人才在全球化市场中竞争的核心优势，也是产教融合赋能人才培养的最终目标。

二、人才培养任务

（一）推动现代贸易数字化认知

理解数字贸易的基本概念和框架是学生建立全面认知的基础。数字贸易不仅是传统贸易在互联网上的延伸，还涵盖了从产品设计、生产到销售的整个过程的数字化转型。这一转型要求学生掌握数字经济的整体架构，理解数字产品、数字服务及其在全球市场中的运作机制。通过系统的学习，学生能够深入了解数字贸易的组成要素及其在现代经济中的角色，从而为进一步的专业学习打下坚实的基础。

掌握数字贸易中的关键技术是提升学生技术应用能力的关键。当前，区块链、人工智能和大数据分析等技术已成为数字贸易的核心驱动力。区块链技术通过其去中心化的特点，提供了安全高效的交易环境；人工智能则通过自动化和智能化的方式，优化了贸易流程和客户体验；大数据分析则为市场预测和决策提供了可靠的依据。学生需要通过理论与实践相结合的方式，深入学习这些技术的原理和应用场景，以增强其在数字贸易领域的竞争力。

分析数字贸易对全球市场结构和商业模式的影响，有助于培养学生的市场洞察力。数字贸易的兴起不仅改变了传统市场的竞争格局，还催生了新的商业模式，如平台经济和共享经济。这些变化要求学生具备敏锐的市场洞察力，能够识别市场趋势和消费者需求的变化。通过对案例的分析，学生可以理解数字贸易如何重塑行业边界和企业战略，从而在未来的职业生涯中，能够灵活地应对市场变化和挑战。

探讨数字贸易的法律法规和合规要求，使学生能够识别并应对相关的法律风险。随着数字贸易的发展，各国对其法律监管也在不断地完善。学生需要了解涉及数字贸易的国际和国内法律法规，包括数据保护、知识产权和网络安全等方面的内容。通过法律案例的学习，学生可以掌握识别法律风险的方法，在实际工作中，能够有效地进行法律风险的评估和管理，确保贸易活动的合法合规性。通过这些学习，学生不仅能够在技术和市场上取得优势，还能够在法律合规方面展现出专业能力。

（二）推动教育链与产业链深度融合

通过深化产教融合，可以有效地将教育体系与产业需求紧密结合，形成良性互动的生态系统。当前，数字贸易行业对人才的需求日益多样化，传统的教育模式难以全面满足。因此，教育机构和产业界需要共同努力，打破固有的界限，实现资源共享和优势互补。这不仅有助于提高教育质量，还能为产业发展提供持续的人才支持，形成教育与产业双赢的局面。

促进校企合作，建立数字贸易人才培养的联合机制，是推动教育链与产业链融合的重要路径。校企合作可以通过多种形式展开，如共建实训基地、联合开发课程、开展科研合作等。这些合作形式能够确保教育内容与产业需求的紧密对接，使学生在校期间就能接触行业前沿技术和实际应用案例。通过这种方式，学生不仅能掌握扎实的理论知识，还能积累丰富的实践经验，为其未来的职业发展打下坚实的基础。同时，企业也能从中受益，通过参与教育过程，企业可以提前锁定优秀人才，并为其量身定制培养计划。

设计符合行业需求的课程体系是确保学生所学知识与实际工作技能相匹配的核心措施。课程设计应基于对行业发展趋势和企业实际需求的深入调研，确保课程内容的前瞻性和实用性。在课程设置上，应注重理论与实践的结合，增加实践课程的比重，使学生能够在真实情境中应用所学知识。此外，还应不断更新课程内容，引入最新的行业动态和技术进展，培养学生的创新能力和适应能力，以提升其就业竞争力。

开展行业实习与实践项目是增强学生在真实工作环境中学习体验的重要途径。通过参与企业的实际项目，学生可以将学到的理论知识应用到实践中，提升其职业素养与实践能力。这种实践经验不仅有助于学生理解行业运作的实际情况，还能帮助他们更好地规划自己的职业生涯。同时，企业在实习过程中也能对学生进行全面考察，选拔和培养符合企业发展需求的人才，实现双向受益。

建立反馈机制，定期收集企业对人才培养的意见与建议，是适应快速变化的市场需求的有效手段。通过建立有效的反馈机制，教育机构可以及时获取企业对人才培养的具体要求和建议，从而对教育内容和方法进行适时的调整。这种动态调整机制能够确保教育体系的灵活性和适应性，使其能够快速响应市场变化，培养出符合时代发展要求的高素质数字贸易人才。这一机制不仅有助于提高教育质量，还能增强教育机构和企业之间的合作关系，推动产教融合的深入发展。

第二节　人才培养理论依据

一、人力资本理论

（一）人力资本对数字贸易人才竞争力的影响

人力资本作为一种关键资源，对数字贸易人才的竞争力具有深远影响。人力资本的积累不仅提升了数字贸易人才的创新能力，使其能够在复杂的市场环境中提出独特的解决方案，还增强了其在应对不确定性时的灵活性。通过不断的学习和实践，数字贸易人才在快速变化的市场中能够保持竞争优势。具备高人力资本的数字贸易人才，能够有效地运用新兴技术，如人工智能和大数据分析，以提升企业的市场竞争力。这些技术的应用不仅提高了企业的运营效率，还推动了新产品和服务的创新开发，使企业在激烈的市场竞争中脱颖而出。

此外，人力资本的提升促进了数字贸易人才的跨学科知识整合能力。这种能力使他们能够在多领域中适应并解决问题，特别是在数字贸易领域，跨学科的知识整合至关重要。通过理解不同学科的基础理论和应用方法，数字贸易人才能够设计出更具创新性的商业模式和解决方案，从而在市场上占据有利地位。高素质的人力资本还使得数字贸易人才更好地理解和应对市场变化，提升其决策能力。在快速变化的市场环境中，作出精准的决策是企业成功的关键，而高素质的人力资本为此提供了坚实的基础。

人力资本的丰富使数字贸易人才在国际市场中具备更强的沟通与合作能力，拓展了全球市场的机会。国际市场的复杂性和多样性要求人才具备出色的跨文化沟通能力和团队合作精神。通过有效的沟通和合作，数字贸易人才能够在国际市场中建立起稳固的合作关系，推动企业的国际化发展。人力资本的积累不仅增强了个人的职业发展空间，也为企业在全球市场中的竞争力提供了重要保障。因此，重视人力资本的培养，是提升数字贸易人才竞争力、促进企业长远发展的重要策略。

（二）产教融合背景下的人力资本增值路径

产教融合背景下，多元化的教育资源共享平台的建立显得尤为重要。通过该平台，高校与企业之间可以实现知识的无缝交流与技术的深度合作，从而提升人力资本的整体素质。这样的合作不仅有助于弥合学术界与产业界之间的鸿沟，还能为学生提供更丰富的学习资源和实践机会，提高他们的综合能力和市场竞争力。

灵活的课程设计在产教融合背景下同样扮演着关键角色。这种设计需要紧密结合行业需求与技术发展，确保人才培养与市场变化同步。通过不断地调整和优化课程内容，高校可以培养出更具适应性的人才，满足数字贸易领域不断变化的需求。这种与时俱进的课程设置，不仅提升了学生的就业竞争力，也为企业输送了更优质的人力资本，促进了经济的发展与创新。

跨学科的项目合作是提升数字贸易人才综合素养与创新能力的有效途径。在这种合作模式下，不同领域的知识可以实现深度的融合，激发学生的创造力与创新思维。这种跨学科的教育方式，能够拓宽学生的视野，使他们在面对复杂的数字贸易问题时，能够从多角度进行分析与解决，从而增强其在职场中的竞争力和影响力。

企业导师制度的引入，为学生提供了更直接的实践指导与职业发展支持。通过企业导师的经验分享与指导，学生能够更深入地了解行业动态与职业发展路径，这不仅提升了他们的实践能力，也增强了其市场竞争力。企业导师制度的实施，促进了理论与实践的结合，为学生的职业生涯发展奠定了坚实的基础。

定期开展行业需求调研，是确保人力资本持续增值与市场相关性的关键措施。通过调研，教育机构可以及时更新教育内容与培养方案，确保人才培养的方向与市场需求保持一致。这样的动态调整机制，不仅保证了人力资本的持续增值，也为数字贸易领域的发展提供了源源不断的动力支持。

（三）数字贸易人才的人力资本投资策略

在数字贸易领域，制定有效的人力资本投资策略是提升人才竞争力的关键。个性化的职业发展计划是其中的重要组成部分。通过明确职业方向和发展路径，数字贸易人才能够更好地理解自身的职业定位和市场需求，从而在职业生涯中作出更明智的选择。这种个性化的计划不仅能够帮助人才提升职业竞争力，还能增强其在行业内的适应能力和创新能力。

持续教育与培训是数字贸易人才人力资本投资策略的另一重要方面。随着数字贸易行业的快速变迁，人才需要不断地更新自身的知识储备和技术能力，以保持市场竞争力。通过投资持续教育，数字贸易人才可以及时掌握最新的行业知识和技术动态，确保其在快速变化的市场环境中处于领先地位。这不仅提升了人才的市场适应能力，也为企业的创新发展提供了强有力的支持。

企业与高校的联合实习项目是提升数字贸易人才实践能力的有效途径。这种合作模式为人才提供了真实的工作环境，使其能够在实践中应用所学知识，提升技能应用能力。通过在企业中直接参与项目，数字贸易人才能够积累宝贵的实践经验，从而在进入职场后更快地适应工作要求。此外，这种实习项目还促进了企业与高校之间的深度合作，为数字贸易人才培养提供了更广阔的平台。

行业认证和资格考试的引入，是提升数字贸易人才市场认可度的重要策略。通过鼓励人才获得专业认证，可以增强其在就业市场中的竞争力。这些认证不仅是对人才专业能力的认可，也是对其职业素养的肯定。通过认证考试，数字贸易人才能够展示其在特定领域的专业知识和技能，从而在激烈的市场竞争中脱颖而出。

跨学科的学习与合作同样是数字贸易人才培养中的重要策略。鼓励人才参与多领域的项目，不仅能够提升其综合素质，还能增强其创新能力。在数字贸易领域，跨学科合作能够带来新的视角和解决方案，推动行业的创新发展。通过参与不同领域的项目，数字贸易人才可以拓宽自己的知识面，提升解决复杂问题的能力，为未来的职业发展打下坚实的基础。

二、能力本位理论

（一）能力本位理论的基本观点和核心理念

能力本位理论强调教育的最终目标是培养学生在实际工作中所需的核心能力和技能，而不仅仅是传授理论知识。这种教育理念要求教育内容与职业需求紧密结合，确保学生在毕业后能够迅速适应工作环境并发挥作用。能力本位理论的核心在于通过明确的能力标准来指导课程设计和评估体系的构建，从而有效地促进学生在数字贸易领域的综合素质的提升和职业能力的发展。

能力本位理论强调以能力为导向，关注学生在实际工作中所需的核心能力和技能，确保教育内容与职业需求的紧密结合。在数字贸易领域，快速变化的市场环境和技术进步对从业者的能力提出了更高的要求。能力本位教育模式通过明确能力标准，指导课程设计和评估体系的构建，帮助学生在学习过程中不断地提升自身的职业能力。这种方法不仅有助于学生在毕业后快速融入职场，也为企业输送了更合格的数字贸易人才。

该理论主张通过明确能力标准，设计课程和评估体系，以促进学生在数字贸易领域的综合素质提升和职业能力发展。能力标准的明确化使课程设计更具针对性，学生能够在学习过程中清晰地了解自身需要掌握的知识和技能。此外，评估体系的科学化也为学生提供了更客观的能力反馈，帮助他们在学习过程中不断地调整和提升。通过这种方式，能力本位理论在数字贸易人才培养中发挥着重要作用，推动了教育与产业需求的深度融合。

能力本位理论强调实践导向，通过真实的项目和实习机会，帮助学生在实际工作环境中培养和应用所学能力，增强其市场竞争力。实践导向的教育模式不仅能够提升学生的实际操作能力，还能增强他们在职场中的适应能力和解决问题的能力。在数字贸易领域，这种实践经验尤为重要，因为行业的快速变化和复杂性要求从业者具备更强的实际操作能力和应变能力。通过参与真实项目和实习，学生能够在实践中检验和巩固所学知识，为未来的职业生涯打下坚实的基础。

该理论倡导跨学科的能力培养，鼓励学生在技术、市场、法律等多个领域之间建立联系，以适应数字贸易的复杂性和多样性。数字贸易领域的快速发展和复杂性要求从业者具备多方面的知识和能力。能力本位理论通过鼓励跨学科的学习和实践，帮助学生在技术、市场、法律等多个领域之间建立联系。这种跨学科的能力培养不仅提升了学生的综合素质，也增强了他们在职场中的竞争力，使其能够更好地适应数字贸易行业的多样化需求。

（二）能力本位理论在数字贸易人才培养中的实践应用

在数字贸易人才培养中，基于能力本位理论，教育机构可以设计以项目为导向的课程，使学生能够在真实的商业环境中应用所学知识。这种课程设计强调学生在解决实际问题中的应用能力，而不仅仅是理论知识的掌握。通过模拟真实的商业场景，学生可以在课程中扮演不同的角色，体验从市场调研到产品销售的完整流程。这种实践导向的学习方式不仅提高了学生的学习兴趣，更重要的是提升了他们在数字贸易领域的实际操作能力。

与企业合作开展实习项目是能力本位理论在数字贸易人才培养中的另一种实践应用。通过这种合作，学生能够在真实的商业环境中获得实践经验，掌握与数字贸易相关的核心技能。企业为学生提供了一个学习和实践的平台，使他们能够将课堂上学到的理论知识应用到实际工作中。这种实习项目不仅增强了学生的就业竞争力，也为企业提供了新鲜的视角和创新的思维方式。通过这种双赢的合作模式，学生和企业都能从中受益，实现产教融合的目标。

建立能力评估体系是确保能力本位理论在数字贸易人才培养中有效应用的关键。通过明确学生在数字贸易领域所需的关键能力，教育机构可以更好地调整课程设置，以满足市场需求。这种评估体系不仅关注学生的学术成绩，还包括对其实际操作能力、问题解决能力和创新能力的评估。通过定期评估，教育机构可以及时发现教学中的不足，并进行相应的调整，以确保学生能够在毕业后立即适应市场的需求。

跨学科的学习与合作是能力本位理论在数字贸易人才培养中的重要组成部分。通过多领域的项目实践，学生可以在技术、市场和法律等方面获得综合能力。这种跨学科的学习方式培养了学生在复杂市场环境中的适应能力，使他们能够在不同的商业环境中灵活地应对各种挑战。通过与不同学科背景的学生合作，学生能够拓宽视野，提升团队的合作能力，为未来的职业发展奠定基础。这种综合能力的培养是数字贸易人才在全球化市场中取得成功的关键。

三、三螺旋理论

（一）三螺旋理论在产教融合中的定位

三螺旋理论是通过促进政府、企业与教育机构之间的互动与合作，来实现资源的有效配置和优化。这种合作模式在数字贸易人才的培养中尤为重要。三螺旋理论强调各方的协同作用，使人才培养不再仅仅局限于学术理论，而是能够紧密结合市场的实际需求。这一理论的核心在于通过多方合作，打破传统的教育与产业之间的壁垒，形成一个有机的整体，从而为数字贸易领域培养出更具市场适应力和创新能力的人才。

通过三螺旋理论，各方可以共同制定人才培养标准，确保教育内容与产业需求的紧密对接。这意味着在课程设置和教学内容上，教育机构需要积极采纳企业的实际需求和政府的政策导向，以提升学生的就业能力。这种标准化的制定不仅有助于提高教育的实用性，还能在一定程度上减少教育与产业之间的脱节现象。通过这种方式，学生在毕业后能够更快地适应工作环境，满足企业的实际需求，从而增强其在就业市场中的竞争力。

三螺旋理论促进了创新生态系统的形成，使数字贸易人才培养可以在动态环境中不断地适应市场变化。随着全球数字贸易的快速发展，市场对人才的要求也在不断地变化。三螺旋理论通过灵活的合作机制，使教育机构能够及时调整教学策略和课程内容，以应对市场的新需求。这种动态适应能力不仅提高了教育的质量，也为学生提供了更多的学习和实践机会，使他们在面对市场变化时能够更加从容。

该理论倡导建立多方参与的协同机制，鼓励政府、企业与高校共同参与课程设计与实践项目。通过这种协同机制，教育不仅仅是课堂上的理论知识传授，更是实践能力的培养。政府可以通过政策引导和资金支持，企业通过提供实践平台和真实案例，高校通过理论指导和教学资源，一同提高教育的质量与实用性。这种多方参与的模式，不仅增强了教育的针对性和实效性，也为学生提供了更多的实践机会和发展空间。

三螺旋理论为数字贸易人才培养提供了一个系统化的框架，强调知识共享与技术转移。通过这种框架，各方在人才培养过程中形成合力，能够更有效地推动知识的创新和技术的应用。这种合力不仅提高了人才培养的效率，也为数字贸易领域的持续发展提供了坚实的人才基础。知识共享和技术转移的有效结合，使培养出的人才能够更好地适应数字经济的快速发展，成为推动行业进步的重要力量。

（二）政府、高校、企业在数字贸易人才培养中的互动

政府、高校和企业在数字贸易人才培养中扮演着相互协作的角色，形成了一个动态的互动系统。三螺旋理论为这种互动提供了理论基础，强调通过多方协作推动创新与发展。在数字贸易领域，政府通过制定政策和投入资金，积极推动教育基础设施的建设，改善高校的教学条件和资源配置。这不仅为高校提供了必要的支持，也为数字贸易人才的培养奠定了坚实的基础。政策的引导和资金的支持使得高校能够更好地适应快速变化的行业需求，培养出符合市场要求的人才。

高校在这一过程中，与企业建立起长期的合作关系，共同开发课程和培训项目，确保教育内容与行业标准的无缝对接。高校通过与企业的紧密合作，了解行业的最新动态和技术发展方向，从而设计出更加贴合实际需求的教学内容。这种合作关系不仅提高了课程的实用性，还增强了学生的就业竞争力。高校与企业的合作使得学生在学习期间就接触到真实的行业环境，为未来的职业发展做好准备。

企业在人才培养中发挥着重要的作用，通过提供实习机会和实践项目，为

学生提供真实的工作经验。这种实践性的学习方式有助于学生将理论知识应用于实际操作中，提升他们的职业能力和适应能力。企业的参与使学生在毕业时能够更快地融入工作环境，缩短了从学校到职场的过渡时间。企业通过与高校的合作，不仅能够获得符合自身需求的人才，还能在人才培养中融入自身的企业文化和价值观。

政府、高校与企业的定期会议和沟通机制是确保各方协同一致的重要手段。通过分享行业动态和教育需求，各方能够及时调整策略和方案，以应对数字贸易领域的快速变化。这样的沟通机制不仅提高了人才培养的效率，也增强了各方的合作深度和广度。政府、高校与企业的协同一致，使数字贸易人才的培养能够更精准地满足行业的实际需求。

联合研究中心的建立进一步促进了政府、高校与企业在数字贸易领域的创新合作。这种合作模式推动了新技术和新模式的研发与应用，为数字贸易的发展提供了源源不断的动力。通过联合研究中心，各方能够共享资源和知识，发挥各自的优势，推动数字贸易领域的创新发展。这不仅提高了人才培养的质量，也为数字贸易的长远发展奠定了坚实的基础。

（三）三螺旋理论在数字贸易人才培养中的实践

三螺旋理论强调政府、高校与企业三者之间的协同合作，以实现资源的优化配置和信息的有效交流。通过建立多方合作平台，各方能够共享资源和信息，形成一个动态的互动生态系统。这种合作不仅提高了数字贸易人才培养的效率，还带来了新的发展机遇。政府可以通过政策支持，鼓励高校和企业合作；高校可以通过课程设置和学术研究，推动行业的发展；企业可以通过提供实践机会，培养符合行业需求的人才。

在数字贸易人才培养中，实施联合课程开发是确保教育内容与行业需求紧密对接的重要举措。通过这种方式，教育机构能够根据行业的最新发展动态和技术需求，调整课程内容，使学生掌握最新的数字贸易技能与知识。这种课程开发模式不仅提高了学生的学习效率，还增强了他们在未来就业市场中的竞争力。联合课程开发需要各方的紧密合作，尤其是企业的参与，它们能够提供第一手的行业信息和实际需求，确保课程的实用性和前瞻性。

共同研究项目的开展，是推动政府、高校与企业在数字贸易领域的技术创新与应用的重要途径。这些项目不仅有助于提升人才培养的实用性与前瞻性，还能为各方带来技术上的突破和创新。通过共同研究，政府能够更好地制定相关政策，高校可以提高科研水平，企业则可以获得新的技术和市场机会。这种合作模式在全球范围内已经被广泛采用，成为推动数字贸易人才培养的重要手段。

定期举办行业研讨会，促进政府、高校与企业之间的互动与反馈，是及时调整人才培养策略与课程设置的有效方式。通过研讨会，各方能够分享最新的行业动态和发展趋势，交流各自的经验和观点。这种互动不仅有助于提高人才培养的质量，还能为各方提供一个交流和合作的平台。在研讨会上，各方可以提出自己的需求和建议，推动人才培养的不断优化和完善。

建立实习基地，为学生提供真实的工作环境，是增强其在数字贸易领域就业竞争力的关键。企业通过提供实习机会，让学生在实践中锻炼技能、积累经验。这种实践教学模式不仅提高了学生的实际操作能力，还增强了他们对行业的理解和认知。实习基地的建立需要政府、高校和企业的共同努力，尤其是企业的支持，它们能够提供真实的工作环境和实践机会，使学生在实习中获得宝贵的经验。

第三节　人才培养的影响因素

一、产业发展

（一）产业结构

产业结构的变化对数字贸易人才培养产生了深远的影响。随着全球经济的不断发展，产业结构的调整和优化成为必然趋势。这种变化直接推动了数字贸易人才需求的多样化，促使教育机构不断地调整课程设置，以适应新兴行业的要求。数字贸易作为一个跨学科、跨领域的行业，要求从业人员不仅具备扎实的专业知识，还要掌握多方面的技能。这种需求的变化促使教育机构在课程设置上更加注重跨学科知识的融合，培养学生的综合能力，以满足市场对多样化人才的需求。

新兴产业的快速发展对数字贸易人才的知识和技能提出了更高的要求。在这个快速变化的市场环境中，数字贸易人才需要具备跨领域的知识和技能，以应对复杂的市场环境和技术挑战。例如，随着人工智能、大数据和区块链技术的迅猛发展，数字贸易领域的从业人员需要不断地更新他们的知识储备，以保持竞争力。这种跨领域的知识需求促使教育机构在培养数字贸易人才时，注重培养学生的创新能力和技术应用能力，使他们能够在不同的行业和领域中游刃有余。

产业结构的升级也导致了对数字贸易人才的专业化要求增加。在现代经济中，产业结构的复杂性和市场的多变性使企业对专业化人才的需求日益增加。特别是在数据分析、市场营销等细分领域，企业希望能够招聘到具备深度理解与应用能力的人才。因此，教育机构在人才培养过程中，强调专业课程的深度和广度，确保学生在某一领域具有扎实的专业基础，同时，能够将所学知识灵活应用于实际工作中，以满足企业对专业化人才的需求。

在传统产业向数字化转型的过程中，数字贸易人才需要具备适应性和灵活性，以支持企业在转型过程中的实际需求。传统产业的数字化转型不仅需要技术的支持，还需要具备数字贸易知识的人才来推动其转型进程。因此，教育机构在培养数字贸易人才时，要注重培养学生的适应能力和灵活性，使他们能够快速适应企业的变化，并在企业的数字化转型过程中发挥重要作用。这种适应性和灵活性不仅体现在技术能力上，也包括对市场变化的敏锐洞察力和对企业需求的快速响应能力。通过这样的培养模式，数字贸易人才能够在企业的数字化转型中起到关键作用，推动产业的进一步发展。

（二）产业需求变化

在数字经济迅猛发展的背景下，产业需求的变化对人才培养的导向作用越发显著。面对这一动态环境，教育机构必须及时更新课程内容，以确保学生掌握与市场需求相匹配的技能和知识。这不仅关乎学生的就业竞争力，还涉及整个产业的可持续发展。具体来说，随着产业结构的调整和新技术的涌现，企业对数字贸易人才的技能要求不断提高。教育机构需要密切关注这些变化，调整教学大纲和课程设置，确保学生具备最新的行业技能和理论知识。这样，学生在毕业后才能迅速适应职场，并为企业创造价值。

数字技术的不断进步使企业对数字贸易人才的技能要求越来越高。教育机构在此背景下需要特别关注新兴技术的应用，以培养具备前沿技能的人才。大数据分析、人工智能、区块链等技术的广泛应用，正在重塑数字贸易的运作模式和业务流程。因此，教育机构应在课程设计中引入这些新技术的基础知识和应用实例，使学生在校期间就能接触最前沿的行业动态。这不仅有助于提高学生的就业竞争力，也为企业提供了更多具有创新能力和技术背景的人才。

产业需求的多样化趋势，促使教育机构开展定制化的人才培养项目，以更好地满足不同企业和行业的特定需求。在这种背景下，教育机构需要与行业紧密合作，了解企业的实际需求，并据此设计相应的课程和项目。这种定制化的培养方式，不仅提高了学生的适应性和专业化水平，还为企业提供了更具针对性的人才储备。通过这种方式，教育机构能够更有效地为产业输送符合其发展需求的人才，推动数字贸易行业的整体进步。

企业对数字贸易人才的具体岗位的需求变化，推动了教育机构与行业的深度合作。通过这种合作，教育机构能够实现理论与实践的结合，为学生提供更具针对性的实习和就业机会。具体而言，教育机构可以通过与企业的合作，了解最新的岗位需求和技能要求，并将这些信息融入教学中。此外，企业也可以为学生提供实习机会，使他们在实际工作环境中锻炼技能，积累经验。这种双向互动的合作模式，不仅有助于提高学生的实践能力，也为企业提供了更符合其需求的人才，形成了一个良性循环。

二、产教融合深度与广度

（一）产教融合深度对数字贸易人才培养的影响

在深度融合的框架下，教育机构与企业不再是孤立的个体，而是形成了一个协同发展的生态系统。在这种系统中，课程内容的设计和实施都直接反映了当前行业的发展趋势和技能需求，学生在校期间所接受的教育与企业所需技能无缝对接，毕业生能够迅速适应职场环境，满足企业用人需求。

深度的产教融合还推动了教育资源的优化配置，增强了学生在真实工作环境中的实践能力。通过与企业的合作，教育机构能够更好地利用企业的设施、技术和专业知识，为学生提供更真实和贴近实际的学习体验。这种实践能力的培养不仅体现在学生能够操作先进的设备和软件，还体现在他们能够在复杂的工作环境中进行有效的沟通和协作，适应快速变化的市场需求。学生在这样的环境中学习，不仅提升了自身的专业技能，还培养了应对挑战的能力。

行业专家的直接参与是深度产教融合的另一大优势。这些专家在课程设计和教学过程中发挥着重要作用，他们不仅带来了前沿的行业知识和技能，还为学生提供了宝贵的职业指导和行业洞察。通过专家的指导，学生能够更深入地理解行业的运作机制和发展方向，从而在学习过程中形成系统的行业认知。这种直接的行业接触为学生提供了更广阔的视野，使他们在毕业后能够更好地把握行业动态，成为具有竞争力的数字贸易人才。

此外，深度的产教融合有助于建立持续的反馈机制，使教育机构能够根据企业需求的变化及时调整教学内容。这种动态的适应性确保人才培养的灵活性和实效性。教育机构通过定期的反馈和评估，能够迅速识别行业需求的变化，并在课程中作出相应调整。这种机制不仅提高了教育质量，还确保培养的人才能够在快速变化的经济环境中保持竞争力，满足行业的多样化需求。

（二）产教融合广度对数字贸易人才培养的影响

通过与各行各业的深度合作，学生能够接触到最新的行业动态和技术应用，这种多样化的学习环境有助于提升学生的综合素质，使他们在面对复杂多变的数字贸易环境时，能够更好地适应和创新。这样的广度不仅是增加了学习内容的多样性，更是培养了学生的批判性思维和跨领域解决问题的能力。

广泛的产教融合还可以显著增强教育机构与不同类型企业之间的联系，这种联系不仅限于单向的知识传递，而是双向的互动与合作。通过这种紧密的合作关系，教育机构能够及时获取企业的实际需求和行业的发展趋势，从而调整和优化课程设置，确保教育内容的实用性和前瞻性。同时，企业也能够通过这种合作获取高素质的实习生和未来的员工，形成良性循环。这种知识和资源的共享机制，不仅提高了教育质量，还增强了学生的实际操作能力和就业竞争力。

此外，广泛的产教融合促进了多方参与的合作机制的形成，使政府、企业和高校能够共同制定人才培养标准。这种多方合作的模式，不仅保证了人才培养的方向与市场需求的高度契合，还确保了培养过程的科学性和规范性。通过这种机制，学生在校期间就能够接触到真实的工作环境和任务，极大地提升了他们的就业能力和市场适应性。这种合作机制的建立，为数字贸易人才的培养提供了坚实的基础，确保他们在毕业后能够迅速融入职场，为数字贸易行业的发展贡献力量。

三、技术

（一）智能技术对数字贸易人才培养方式的变革

智能技术不仅改变了传统的教学模式，还为教育领域带来了全新的视角和方法。通过智能技术，教育机构能够更好地理解和分析学生的学习行为和需求，从而提供更具针对性的教育方案。大数据分析作为智能技术的重要组成部分，能够深入地挖掘学生的学习习惯和能力水平，帮助教育者制订个性化的学习计划。这种基于数据驱动的教育模式，不仅提高了学习效率，还能激发学生的学习兴趣，提高学习的主动性。

智能技术的应用促进了个性化学习的发展。通过大数据分析，教育者可以精确地了解每位学生的学习习惯和能力，从而量身定制教育方案。这种个性化的教育方式能够更好地满足不同学生的需求，帮助他们在数字贸易领域取得更大的进步。智能技术的应用不仅提高了教育的效率，还增强了教育的适应性，使每位学生都能在适合自己的节奏中学习和成长。此外，个性化学习还能够激发学生的自主学习能力，使他们在面对复杂的数字贸易环境时，能够更加从容和自信。

虚拟现实（VR）和增强现实（AR）技术的引入，为数字贸易人才的培养提供了全新的手段。这些技术能够创造出沉浸式的学习环境，使学生能够在模拟的交易和决策场景中进行实践。这种沉浸式的学习体验，不仅提高了学生的实践能力，还增强了他们的市场适应性。在虚拟环境中，学生可以进行多次尝试，从而积累丰富的经验和技能。这种创新的学习方式，使学生能够在真实的市场环境中更加游刃有余，具备更强的竞争力。

人工智能（AI）技术的运用，使教育机构能够自动化评估学生的学习进度与能力。通过智能算法，教育者可以实时监测学生的学习表现，及时调整教学策略以满足个体需求。这种动态的教学调整机制，确保每位学生都能在适合自己的节奏中学习和发展。人工智能技术不仅提高了教学效率，还增强了教育的精准性，使教育资源能够得到更合理的配置。此外，人工智能的运用还能够帮助学生更好地规划自己的学习路径，增强他们的学习效果。

智能技术推动了在线学习平台的发展，使数字贸易人才可以随时随地获取最新的行业知识和技能。通过在线学习平台，学生能够灵活地安排自己的学习时间和地点，极大地增强了学习的灵活性与便捷性。这种灵活的学习方式，不仅提高了学生的学习效率，还使他们能够更好地应对快速变化的数字贸易环境。在线学习平台的普及，使教育资源的获取更加便捷，学生能够在全球范围内获取最新的行业动态和前沿知识，从而提升自身的竞争力。

（二）信息技术对数字贸易人才培养质量的提高

信息技术的应用大大加快了课程内容的更新速度。教育机构能够利用信息技术迅速整合最新的行业动态和技术进展，确保教学内容始终与市场需求保持一致。这种更新速度的提升不仅使学生能够学到最前沿的知识，还使教育机构能够在激烈的市场竞争中保持优势。通过这种方式，信息技术有效地缩短了教育内容与实际产业需求之间的差距，提升了人才培养的针对性和实效性。

此外，信息技术的普及促进了教育资源的共享与互通。通过在线学习平台和数字化教材，学生可以随时随地获取丰富的学习资源。这种资源的灵活获取方式不仅提升了学生的学习便捷性，也极大地增强了学习的灵活性。学生不再受限于传统课堂的时间和空间限制，可以根据自身的学习节奏和需求进行个性化学习。这种学习方式的转变，不仅提高了学生的自主学习能力，也使教育资源的利用率得到了大幅的提高。

信息技术的引入还使教学评估变得更加精准。通过数据分析工具，教育机构能够实时监测学生的学习进度和学习效果，从而及时调整教学策略。这种基于数据的评估方式，不仅提高了教学质量，还使教学过程更加科学化和精细化。教育者可以根据学生的学习数据进行有针对性的指导，帮助学生克服学习中的困难，增强学习效果。这种精准的教学评估方式，为教育机构在数字贸易人才培养中提供了强有力的支持。

信息技术支持虚拟实验和模拟训练的开展，为学生提供了一个安全的实践操作环境。通过虚拟实验室和模拟训练平台，学生可以在不受现实条件限制的情况下进行实践操作，增强其实际操作能力和应对复杂市场情境的能力。这种实践能力的培养，不仅提高了学生的就业竞争力，也为其未来在数字贸易领域的发展奠定了坚实的基础。信息技术的应用，为培养高质量的数字贸易人才提供了强大的技术支持和保障。

四、教学设施条件与资源

（一）教学设施水平对数字贸易人才培养的影响

高水平的教学设施不仅为学生提供了先进的技术支持，还帮助他们更好地掌握数字贸易相关的工具和软件。这种支持无疑提升了学生的实际操作能力，使他们在面对复杂的数字贸易环境时，能够更加自信和从容。此外，现代化的教学环境通过引入创新和互动的教学工具，激发了学生的学习兴趣。这种积极的学习氛围有助于提高学生的学习效率和积极性，在整体上促进了他们的专业成长。

充足的实验室和实践空间为学生提供了进行实际操作和模拟交易的机会，这对于增强他们在真实市场环境中的应对能力至关重要。在这些设施中，学生不仅可以将理论知识应用于实践，还能够在模拟的市场环境中进行反复练习，从而积累宝贵的经验。这种实践导向的学习方式使学生在进入职场后，能够更快地适应工作要求，并在数字贸易领域展现出更强的竞争力。

优质的教学设施还吸引了行业专家的参与，他们通过提供高水平的课程和实践指导，极大地提高了教育质量。这些专家的参与不仅为学生带来了行业最新的动态和趋势，还通过分享实际案例，帮助学生理解理论与实践的结合点。这种高水平的教育资源为学生提供了宝贵的学习机会，使他们能够在学术和职业生涯中都取得更大的成就。

良好的教学设施同时促进了跨学科的合作与交流，为学生提供了多样化的学习资源和机会。在这种环境中，学生可以接触不同领域的知识和技能，增强他们的综合素质。这种跨学科的学习方式不仅丰富了学生的知识储备，还培养了他们的创新思维和解决问题的能力，为他们在未来的数字贸易领域中取得成功奠定了坚实的基础。通过这种多元化的学习体验，学生能够更好地应对数字贸易行业的各种挑战。

（二）教学资源配置对数字贸易人才培养的影响

教学资源的多样化不仅能够满足不同学生的个性化学习需求，还能通过提供丰富的学习体验来提高学生的学习积极性和效率。数字贸易作为一个不断发展的领域，要求学生具备灵活的思维和创新能力。多样化的教学资源，如在线课程、虚拟实验室和行业数据库，能够为学生提供多层次的学习平台，帮助他们在学习过程中形成自己的学习节奏和方法。这种多样化的资源配置不仅是教学内容的丰富，更是教学方法的创新，使学生在学习过程中能够更好地适应数字贸易领域的快速变化。

优质的教学资源配置是实现理论与实践结合的重要保障。在数字贸易教育中，理论知识的传授固然重要，但更关键的是如何将这些理论应用于实际的商业环境中。通过配置高质量的教学资源，学生可以在模拟的商业环境中进行实践操作，应用所学知识，增强其实践能力。这种理论与实践的结合不仅提高了学生的专业技能，也为他们未来的职业发展打下了坚实的基础。通过实践，学生能够更好地理解学到的理论知识，并将其转化为实际操作能力，这对于培养高素质的数字贸易人才至关重要。

丰富的教学资源还能够吸引行业专家参与教学，为学生提供前沿的行业知识和实践指导。行业专家的参与使教学内容更加贴近实际，学生能够从中获得第一手的行业动态和实践经验。这种产教融合的教学模式不仅提高了教育质量，也为学生提供了与行业领袖直接交流的机会，拓宽了他们的视野。专家的指导和建议能够帮助学生更好地理解行业需求，调整学习方向，从而提高他们在就业市场上的竞争力。

合理的教学资源配置对于优化课堂教学和实验实践的安排也具有重要意义。通过合理的资源分配，学校可以更有效地安排教学活动，提高教学效率，促进学生的全面发展。教学资源的合理配置不仅体现在硬件设施的完善上，还包括教师资源的优化和课程内容的更新。通过合理的资源配置，学生能够在更高效的学习环境中成长，全面提升其综合素质，为未来的职业发展做好准备。

先进的教学资源支持跨学科的学习与合作，培养学生的综合素质。在数字贸易领域，跨学科的合作尤为重要，因为这一领域涉及经济、技术、管理等多个学科的知识。通过先进的教学资源，学生可以进行跨学科的学习与合作，提升其综合素质。这种合作不仅培养了学生的团队合作能力，也增强了他们在数字贸易领域的竞争力，使他们能够更好地应对未来的挑战。通过跨学科的学习，学生能够在多变的商业环境中灵活应对，成为具备综合能力的数字贸易人才。

（三）教学资源共享对数字贸易人才培养的贡献

教学资源共享打破了传统教育资源的地域限制，为教育机构之间的合作与交流提供了便利。这种资源的开放与共享不仅提高了各机构的教育水平，也为数字贸易人才的培养奠定了坚实的基础。在这种背景下，教育机构能够更有效地整合优势资源，形成合力，从而提高整体的教育质量和人才培养水平。

共享教学资源的另一个显著贡献在于降低教育成本，使优质教育资源惠及更多的学生。通过共享，教育机构能够减少重复投资，优化资源配置，从而在有限的预算内提供更高质量的教育服务。这不仅有助于扩大数字贸易人才的培养规模，也推动了数字贸易教育的普及与发展。教育成本的降低，使更多的学生能够接触高水平的教育资源，进而提升整个社会的数字贸易人才储备。

此外，教学资源共享为教师提供了丰富的教学创新机会，促使他们在教学过程中采用多样化的教学方法。通过借鉴和整合不同的教学资源，教师能够设计出更具有吸引力和实效性的课程，提高课堂教学的效率。教学方法的多样化不仅能够激发学生的学习兴趣，也能增强他们的学习效果，从而为数字贸易领域培养出更具创新能力和实践能力的人才。

教学资源的共享还促进了行业与教育的密切结合，使教学内容更加贴近实际需求。这种结合不仅增强了学生的就业竞争力，也提升了他们的市场适应能力。通过资源共享，教育机构能够及时更新教学内容，确保学生所学知识与技能符合行业发展的最新要求。这种紧密的结合，使学生在毕业后能够迅速适应工作岗位，为数字贸易行业的发展注入新鲜血液。

第三章　产教融合赋能的数字贸易人才培养模式

第一节　校企合作模式

一、校企合作模式的优势分析

（一）加速人才供需匹配

通过紧密的合作，企业和高校能够共同设计和优化课程设置，使学生所学知识与行业的实际需求高度契合。这种对接不仅能确保学生在校期间所获得的知识和技能能够直接应用于工作实践，还缩短了毕业生进入职场后的适应期，提高了就业效率。

校企合作的一个显著优势在于企业直接参与人才培养过程。企业可以通过提供实习和实践机会，使学生在真实的工作环境中锻炼自己的实际操作能力。这种实践经验的积累，不仅提升了学生的专业技能，也增强了他们对行业的理解和适应能力。此外，企业在实习过程中能够识别和培养符合自身需求的人才，为其未来的人才储备打下基础。

就业率的提高是校企合作模式的直接体现。通过企业的深度参与，学生在毕业前即有机会与潜在雇主建立联系，增加了就业机会。同时，企业在参与培养过程中，能够根据自身的需求，提前锁定符合条件的人才，减少招聘成本。高校通过企业反馈机制，可以及时调整和优化培养方案，以适应快速变化的数字贸易市场。这种动态调整能力，使高校能够在激烈的教育竞争中保持领先地位。

校企合作不仅关注学生的专业技能培养，还注重其职业素养和团队合作能力的提升。通过企业文化的熏陶和团队项目的实践，学生在校期间即能体验到真实的职场环境，培养其沟通能力、团队协作能力和解决问题的能力。这些软技能的培养，为学生未来的职业发展奠定了坚实的基础，使其在职场中更具有竞争力。

综上所述，校企合作模式通过加速人才供需匹配，促进课程设置与行业需求对接，提供实习与实践机会，提高就业率，建立企业反馈机制以及加强职业素养和团队合作能力等，全面地提高了数字贸易人才的培养质量。这种模式不仅满足了企业对高素质人才的需求，也为学生的职业发展提供了广阔的空间。

（二）提升教育培训的实用性

教育培训的实用性在校企合作模式下得到了显著的提升。通过这种合作，教育机构能够根据行业的实际需求，开发出更具有针对性的课程和培训内容。这一过程确保学生能够掌握最新的数字贸易技能，使他们在步入职场时具备竞争优势。企业的参与不仅限于课程的设计，还包括实施阶段，这使培训内容能够更加贴近市场需求。学生通过这些课程，能够更好地理解行业标准和具体的工作流程，进而提高自身的职业素养和实用技能。

校企合作模式为学生提供了大量的实习机会，使他们能够在真实的工作环境中锻炼职业技能。这种实践经验的积累，不仅增强了学生的就业竞争力，还帮助他们更好地适应未来的工作岗位。在实习过程中，学生可以直接接触行业的最新动态和技术应用，这对于他们的职业发展至关重要。通过在企业中的实际操作，学生能够将理论知识与实践相结合，提升解决实际问题的能力，为未来的职业生涯打下坚实的基础。

此外，校企合作还为教育机构建立了长期的行业联系。这种联系确保课程内容与行业发展的同步性，能够及时根据行业的变化进行调整和优化。教育机构通过与企业的紧密合作，能够不断地更新和优化课程内容，确保教育培训始终保持前沿性和实用性。这种动态调整机制，不仅提高了教育质量，也为学生提供了更广阔的学习和发展空间，帮助他们更好地适应数字贸易行业的快速变化。

（三）促进技术与知识的快速转移

通过校企合作模式，企业能够将最新的技术成果直接引入课堂教学中，这不仅提升了学生的学习体验，还使教育内容紧跟行业发展的步伐。企业在技术研发和应用方面的最新进展，可以通过与高校的合作，迅速转化为教学内容，确保学生在学习过程中接触到最前沿的技术和知识。这种模式有效地缩短了学术研究与实际应用之间的时间差，使高校教育与产业需求之间的匹配度更高。

此外，校企合作为学生提供了参与真实项目的机会，使他们能够在实践中学习并掌握前沿技术和知识。这样不仅提高了学生的动手能力，还增强了他们解决实际问题的能力。在参与企业项目的过程中，学生能够直接接触行业内的最新技术应用场景，了解技术的实际操作流程和应用效果。这种沉浸式的学习体验，有助于学生将理论知识与实际应用紧密结合，提高其在毕业后进入职场的适应能力和竞争力。

企业的专业导师在校企合作中扮演着重要角色，他们能够为学生提供一对一的指导，帮助学生快速掌握行业内的关键技能和知识。专业导师往往具有丰富的行业经验和深厚的技术背景，他们能够根据学生的具体情况，提供个性化的指导和建议。这种指导不仅限于技术层面，还包括职业发展规划和行业动态分析，帮助学生在学习过程中明确自己的发展方向，增强其在职场中的竞争优势。

校企合作还能够通过共同举办研讨会和培训班，促进学术界与产业界之间的知识交流与技术转移。这些活动为高校教师和企业专家提供了一个交流的平台，双方可以分享各自在技术研发和应用方面的最新成果，探讨行业发展的趋势和挑战。这种跨界交流有助于推动新技术的研发和应用，加速知识的传播和转化，最终实现教育与产业的双赢。通过校企合作，高校和企业能够形成一个良性互动的生态系统，共同推动数字贸易人才的培养与发展。

二、校企合作研究中心的建设

（一）校企合作研究中心的功能定位

校企合作研究中心是高校与企业之间的桥梁，通过搭建沟通平台，促进信息共享与资源整合。这种合作能够有效地缩短学校与产业之间的距离，确保教育内容与行业需求的紧密结合。研究中心的任务不仅限于促进双方的交流，还在于推动双方在教育和技术应用上的深度合作。通过这种整合，校企合作研究中心能够为学生提供更具实用性和前瞻性的教育服务，提升其在数字贸易领域的竞争力。

此外，校企合作研究中心还应积极承担课程研发与优化的职责。在数字贸易快速发展的背景下，行业需求时刻变化，因此，课程内容必须不断地更新以保持其市场相关性。研究中心应密切关注行业趋势，与企业专家共同设计和调整课程，确保其符合市场标准。这不仅能提升学生的专业技能，还能培养其适应变化的能力，使其在毕业后能够迅速融入职场，为企业创造价值。这种基于行业需求的课程设计是产教融合的重要体现，也是校企合作研究中心功能定位的核心。

校企合作研究中心的重要功能是组织行业专家与学术界的交流活动。这些活动不仅是知识的传播途径，还是技术更新的平台。通过定期举办研讨会、讲座和培训，研究中心能够为学生和教师提供最新的行业动态和前沿技术。这种交流有助于打破学术界与产业界之间的壁垒，促进双方在知识和技术上的互补与融合。这种互动不仅能提高教育质量，还能为企业注入新的活力和创新动力，使数字贸易人才培养更加贴近实际需求。

在实习与就业指导方面，校企合作研究中心也发挥着不可或缺的作用。通过与企业的紧密合作，研究中心能够为学生提供更多的实习机会，帮助他们获取宝贵的实践经验。这种实践经验不仅能提高学生的动手能力，还能增强其就业竞争力。此外，研究中心还应提供职业规划和就业指导服务，帮助学生明确职业目标，制定合理的职业发展路径。这种全方位的支持能有效地提高毕业生的就业率和职业满意度。

校企合作研究中心应定期评估合作效果，收集反馈，并在此基础上持续改进合作模式。数字贸易市场瞬息万变，研究中心必须具备动态调整的能力，以确保其培养模式能适应快速变化的市场需求。通过不断的评估与反馈，研究中心能够及时发现合作中的问题，并采取有效措施进行改进。这种持续改进的机制不仅能提高合作的效率，还能确保校企合作在数字贸易人才培养中的长久成功。

（二）校企合作研究中心的资源配置

校企合作研究中心需配备专业的师资团队，确保课程的高质量和实用性。这样的团队应由具有丰富实践经验的行业专家和学术研究人员组成，他们不仅能为学生提供理论指导，还能传授行业中的实践经验，帮助学生更好地理解和应用所学知识。通过这样的师资配置，研究中心能够更好地连接理论与实践，提升学生的综合素养。

此外，研究中心应建立健全资源共享机制，以整合高校与企业的各类资源。这些资源包括技术设备、实验室及在线学习平台的共享，目的是为学生提供多样化的学习环境。通过资源共享，学生能够接触最新的技术和设备，增强其实践能力和适应能力。同时，在线学习平台的使用也为学生提供了灵活的学习方式，使他们能够在时间和空间上更好地安排自己的学习计划，提高学习效率。

为了支持校企合作项目的持续发展，中心需设立专项资金。这些资金应用于课程研发、实习项目及行业交流活动等方面。通过资金的有效使用，研究中心能够不断地更新课程内容，开发新的教学项目，并组织学生参与实际的行业活动。这不仅能提高学生的实践能力，也能增强他们对行业的理解和适应能力，为未来的职业发展打下坚实的基础。

校企合作研究中心还应与行业协会和相关机构建立合作关系，以获取行业的最新动态和技术标准。这样的合作关系有助于研究中心及时更新课程内容，使其与行业发展保持同步。同时，行业协会和相关机构提供的技术标准也为课程的设计和实施提供了重要依据，确保学生所学知识的前沿性和实用性。

研究中心应定期组织培训和研讨会，邀请企业代表和学术专家共同参与。这些活动不仅促进了知识的交流与创新，也提升了校企合作的整体效益。通过研讨会，学生能直接与行业专家交流，获得第一手的行业信息和经验。同时，企业代表也能通过这些活动了解高校的最新研究成果，为企业的创新发展提供参考。这种双向交流的机制有助于推动校企合作的深入发展，最终实现数字贸易人才的高质量培养。

三、校企合作项目的开展

（一）校企合作项目的设计与规划

校企合作项目的目标设定必须明确，结合企业的实际需求与学生的培养目标，确保设计的针对性和实用性。这种双向互动的模式不仅能为企业输送合格的人才，还能提升学生的就业竞争力和职业素养。通过对企业需求的深入调研和分析，项目设计者可以制订出符合市场需求的培养方案，从而实现校企双方的共赢。

项目实施阶段的时间管理是确保校企合作项目顺利推进的关键。详细的时间表和里程碑的设定有助于各项活动的有序进行。项目管理者需在项目初期就制定出合理的时间节点，并在实施过程中严格监控进度。这不仅有助于及时发现和解决问题，还能在必要时对项目计划进行调整，以适应动态变化的市场环境。同时，项目的各个阶段都应进行阶段性评估，以确保项目始终朝着预定目标前进。

设计多样化的实践环节是提高学生实践能力和创新意识的有效途径。通过实习、项目开发和行业研讨等多种形式，学生能够在真实的商业环境中锻炼自己的技能。这种实践导向的学习方式不仅能增强学生的动手能力，还能激发他们的创新思维。在此过程中，企业导师的指导和行业专家的分享也是不可或缺的，它们为学生提供了宝贵的行业视角和实践经验。

建立评估机制是校企合作项目得以持续优化和改进的保障。通过定期收集参与企业和学生的反馈，项目管理者可以识别出项目中的不足，并及时进行调整。反馈机制不仅能增强项目的整体效果，还能为后续项目的设计提供重要的参考依据。通过不断的评估与改进，校企合作项目能够持续满足市场需求，培养出更多符合数字贸易行业要求的人才。

（二）校企合作项目的管理与运营

校企合作项目的管理与运营是产教融合的核心环节，直接影响项目的成效与可持续发展。为了确保项目的成功实施，需要做到以下几点。

首先，需要建立一支高效的项目管理团队。该团队应由来自学校和企业的专业人员组成，负责项目的整体规划、执行和监督。团队成员需要具备丰富的行业经验和管理能力，以确保项目目标的实现和资源的有效利用。通过合理的人员配置和明确的分工，项目管理团队能够协调各方资源，推动项目的顺利进行。

其次，在校企合作项目的管理中，制定详细的项目运营手册是至关重要的一步。运营手册应明确各参与方的职责、工作流程以及沟通机制。这不仅有助于提高项目管理的规范性和透明度，还能确保各方在项目实施过程中保持一致的理解和行动。通过详细的手册，各方可以清晰地了解自己的角色与任务，减少因信息不对称而导致的误解和冲突，提高项目的执行效率和合作效率。

再次，为了适应快速变化的行业需求和学生的发展，校企合作项目需要实施定期评估与反馈机制。这一机制的核心在于通过数据分析和参与者反馈，及时调整项目策略和内容。通过收集和分析项目实施过程中的数据，管理团队可以识别项目中的问题和不足，并根据反馈进行相应的调整。这种动态调整的方式不仅能够提高项目的灵活性和适应性，还能确保项目始终与行业需求保持一致，为学生提供更具有针对性的培养方案。

最后，风险管理是校企合作项目管理中的关键要素。建立风险管理体系，识别可能影响项目进展的风险因素，并制定应对措施，是确保项目顺利实施与可持续发展的重要保障。风险管理体系应包括风险识别、风险评估、风险应对和风险监控等环节。通过系统的风险管理，项目团队能够提前识别潜在风险，制定有效的应对策略，减少风险对项目的负面影响，确保项目的稳定推进和长远发展。

四、校企合作成果转化与就业对接

（一）校企合作成果的转化机制

通过建立完善的转化机制，可以有效地将合作成果应用于实际产业中，提升其市场价值和社会效益。建立校企合作成果转化的评估体系显得尤为重要。定期对项目成果进行评估与反馈，有助于确保成果的有效性和适应性。这一过程不仅促进了校企合作的深入发展，也为成果的进一步应用提供了科学依据和方向指导。

在此基础上，开发校企合作成果的推广渠道是实现成果市场化的重要举措。通过参与行业展会、利用在线平台等多种方式，可以有效地提升成果的市场认知度并扩大其应用范围。这些渠道不仅有助于扩大成果的影响力，还能为成果的商业化提供更多的机会和平台。通过多样化的推广方式，校企合作成果能够更快速地进入市场，从而实现商业价值。

为了确保校企合作项目的顺利运作，设立成果转化专门小组是必要的。这些小组负责项目成果的商业化运作和市场推广，确保成果能够转化为实际应用。通过专业化的团队运作，可以更高效地协调各方资源，优化成果转化的流程，提升成果的市场竞争力和应用效果。

此外，与行业协会及相关机构的合作也是促进校企合作成果标准化的重要途径。通过与这些机构的合作，可以提升成果的行业认可度与应用价值。行业协会通常具备丰富的资源和经验，能够为校企合作成果的标准化提供有力的支持，从而推动成果在更广泛的行业中得到应用和认可。

建立知识产权保护机制是确保校企合作过程中创新成果得到有效保护的关键。通过知识产权保护，可以促进成果的合法转化与应用，避免因知识产权纠纷导致的利益损失。知识产权保护机制的建立，不仅维护了各方的合法权益，也为合作双方的长期合作奠定了基础，促进了创新成果的持续产出和应用。

（二）就业对接的流程

通过建立校企合作的就业信息平台，学校和企业可以实现信息的高效对称。

该平台定期发布企业的招聘信息和学生的求职需求，使双方能够及时了解彼此的需求与供给。这种信息对称不仅提高了招聘效率，还能有效地减少信息不对称导致的资源浪费。此外，学校可以通过该平台收集企业对人才的具体要求，进而调整课程设置和教学内容，以更好地满足市场需求。

在就业对接的过程中，组织就业指导工作坊是提升学生求职能力的重要环节。这些工作坊不仅提供简历撰写和面试技巧的培训，还通过模拟面试和案例分析等方式，帮助学生更好地理解企业招聘流程和标准。通过参与这些活动，学生能够提升自信心，增强在求职过程中的竞争力。同时，学校也可以邀请行业专家和成功校友参与指导，分享实战经验和行业动态，帮助学生更好地规划职业生涯。

实施校企联合招聘会是促进学生与企业直接接触的重要举措。在这些招聘会上，企业可以进行现场面试，学生有机会直接与企业招聘人员交流，了解企业文化和岗位需求。这种直接的互动不仅有助于学生获取一手的就业信息，还能帮助企业更准确地识别和筛选适合的人才。此外，联合招聘会的举办也为学校和企业提供了一个展示合作成果的平台，进一步巩固了校企合作关系。

建立校友网络是拓宽学生就业渠道的重要手段。通过成功校友的分享与推荐，学生能够接触更多的就业机会和行业资源。校友网络不仅可以为学生提供实习和就业的推荐，还能在职业发展过程中给予指导和支持。学校可以定期组织校友分享会，邀请优秀校友回校与在校学生交流，分享他们的职业经验和成功案例，激励学生积极进取。

开展定期的就业反馈与跟踪调查对于完善人才培养方案具有重要意义。通过收集毕业生的就业情况和企业的用人需求，学校能够及时了解市场变化和人才需求的动态。这些反馈数据为学校调整教学内容和培养方案提供了重要依据，确保人才培养目标与市场需求的有效衔接。此外，就业反馈调查也为学校评估校企合作的效果提供了参考，为进一步深化合作提供了方向。

（三）人才就业反馈与跟踪

在数字贸易领域，建立定期的就业反馈机制。通过问卷调查和访谈，教育机构可以收集毕业生在职场的适应情况和企业对其能力的评价。这不仅有助于了解毕业生在实际工作中的表现，还能为课程设计和教学方法的改进提供宝贵的第一手资料。通过这些反馈，教育机构能够及时调整教学内容，使其更符合行业发展趋势和企业实际需求，从而提高毕业生的就业竞争力和职业适应性。

分析就业数据是评估人才培养有效性的重要手段。定期发布毕业生就业率、行业分布和薪资水平等统计信息，可以帮助教育机构全面了解其培养模式的优劣。通过对这些数据的深入分析，教育机构能够识别出数字贸易人才培养中的薄弱环节，并采取有针对性的改进措施。同时，这些数据也为潜在学生和用人单位提供了重要的参考信息，增强了教育机构的社会影响力和公信力。通过透明的数据发布，教育机构能够更好地展示其在数字贸易人才培养中的成效。

与企业建立长期合作关系是确保教育方案与市场需求保持一致的关键。定期与企业沟通人才需求的变化，可以使教育机构及时调整课程设置和教学内容，以适应行业的最新动态。这样的合作关系不仅有助于提高毕业生的就业率，还能为企业输送更符合需求的人才。此外，通过与企业的深入合作，教育机构能够更好地理解行业标准和用人要求，从而在人才培养中更有效地融入实践导向的教学方法，提升学生的实际操作能力。

设立校友跟踪系统是促进教育内容持续改进的重要手段。通过定期联系校友，教育机构能够了解他们的职业发展路径以及对教育内容的反馈。这些信息可以为课程设计和教学方法的优化提供有力的支持。同时，校友反馈也有助于教育机构建立一个活跃的校友网络，增强校友对母校的认同感和归属感。通过校友的反馈，教育机构能够更好地把握行业的发展趋势，为学生提供更具前瞻性的教育内容和职业指导。

组织就业反馈研讨会为教育机构提供了一个与企业代表直接对话的平台。在研讨会上，企业代表可以分享其用人标准和行业趋势，为教育机构的人才培养提供改进建议。这不仅有助于教育机构更准确地把握市场需求，还能加强与企业的联系，拓展合作渠道。通过这样的互动，教育机构能够更好地调整其教育策略，提升人才培养的针对性和实效性，从而为数字贸易领域培养出更具竞争力的专业人才。

第二节　企业办学模式

一、企业办学模式的定义与特征

（一）企业办学模式的基本定义

企业办学模式作为现代教育发展的一种新兴形式，旨在通过企业直接参与教育过程，实现人才培养与企业需求的无缝对接。这一模式的基本定义是指企业通过设立教育机构或与现有教育机构合作办学，以培养具备特定行业技能和知识的人才。企业办学模式不仅是对传统教育的补充，更是对教育资源配置的一种优化，强调实践导向的教育理念。在这种模式下，企业在课程设计、教学实施和实习安排中发挥主导作用，确保学生所学知识和技能能够满足行业标准和市场需求。

企业办学模式的核心特征是其高度的灵活性。与传统教育模式相比，企业办学能够快速调整课程内容和教学方法，以适应市场变化和行业需求的动态特征。这种灵活性使企业能够在短时间内开发出符合新兴行业需求的课程，培养出能够立即投入工作的专业人才。此外，企业办学模式还强调实践性，通过提供真实的工作环境和项目，帮助学生在学习过程中积累实际操作经验。

在企业办学模式中，企业不仅是教育资源的提供者，还是学生职业发展的重要支持者。通过提供就业机会和职业指导，企业帮助学生顺利过渡到职场，促进其职业成长。这种模式的优势在于，学生能够在学习期间就与潜在的雇主建立联系，增加就业机会的同时，也提高了人才培养的效率和质量。企业办学模式的成功实施，离不开企业与教育机构之间的密切合作，以及对行业发展趋势的准确把握。

（二）企业办学模式的特征

企业办学模式的特征在于其鲜明的需求导向性。企业作为办学主体，强调教育内容与行业标准的紧密结合，确保学生所学知识和技能能够直接应用于实际工作中。这一模式的核心在于以企业的实际需求为出发点，设计和调整教学内容，从而提高学生的就业适应性和市场竞争力。通过这种方式，学生不仅能掌握理论知识，还能在实践中检验和提升自己的能力，满足行业的动态需求。

企业办学模式的灵活性也是其重要特征。面对市场的快速变化，这种模式能够迅速调整课程设置和教学方法，以保持教育内容的前沿性。企业与教育机构的紧密合作，使课程能够及时反映最新的行业趋势和技术发展，确保学生所学内容不过时。灵活的课程安排和教学方法，使学生在学习过程中能够接触到最前沿的知识和技能，提升其在职场中的竞争力。

在企业办学模式中，企业承担着主要责任，积极参与课程设计、教学实施和实习安排。企业不仅是教学资源的提供者，还是教学活动的参与者和推动者。通过企业的参与，学生能够获得实用的职业技能和宝贵的实践经验。这种深度的产教融合，使学生在毕业后能够迅速适应工作环境，并在职场中发挥作用，缩短了从学校到工作的过渡期。

企业办学模式通过提供就业机会和职业指导，积极促进学生的职业发展。企业不仅为学生提供实习和就业机会，还通过职业指导帮助学生规划职业生涯，提升其在职场中的竞争力。企业的参与使学生能够在学习过程中积累工作经验，并在毕业后顺利进入职场。这种模式不仅为学生提供了更多的发展机会，也为企业培养了符合自身需求的人才，实现了双赢的局面。

二、企业办学模式的组织结构与管理机制

（一）企业大学的组织结构与职责划分

企业大学应具备明确的管理层级，通常包括校长、各学院院长及专业负责人等关键职位。这样的层级设置不仅有助于提高管理效率，还能够确保信息的有效传递和决策的快速执行。校长负责整体战略方向的制定，各学院院长则根据不同的专业领域，负责具体的教学与研究工作，专业负责人则承担课程和项目的具体实施。通过这种清晰的结构，企业大学能够更好地协调各项资源，促进教育与产业的深度融合。

在企业大学的运作中，各部门需要明确划分具体职责，以提高教育质量和运营效率。课程开发部门需紧密跟踪行业动态，设计符合市场需求的课程内容；师资招聘部门则需严格把关，确保聘请到具备行业经验和教学能力的优秀教师；学生管理部门负责学生的日常管理与支持服务，确保学生在学习过程中的良好体验；企业合作部门则需积极拓展与企业的合作项目，为学生提供实践机会和职业发展支持。通过这种职责的细化和分工，企业大学能够更好地实现教学与实践的结合，培养出符合行业需求的高素质人才。

为了保持教学内容的前沿性和实用性，企业大学应建立一套完善的评估与反馈机制。通过定期对教学效果和课程内容进行评估，企业大学可以及时发现不足，并根据行业需求进行调整。这种动态的调整机制不仅有助于提高教育质量，还确保学生所学知识能够直接应用于实际工作中。此外，企业大学还应鼓励教师和学生积极参与反馈，形成一个良好的互动循环，从而不断地优化教学策略和内容。

企业大学应设立行业顾问委员会，以确保课程内容与市场需求的紧密结合。

该委员会由行业专家和企业代表组成，能够为企业大学提供专业的建议和指导。行业顾问委员会的设立，不仅能够帮助企业大学及时了解行业的发展趋势，还能为课程设计提供实质性的建议，确保教学内容的实用性和前瞻性。通过与行业的紧密联系，企业大学能够更好地调整教育策略，培养出能够适应快速变化市场环境的人才。这种机制的建立，既是企业大学与产业界深度合作的体现，也是实现产教融合目标的重要保障。

（二）企业办学模式的管理机制

完善的管理机制不仅能够确保教育与产业的紧密结合，还能有效地提高人才培养的质量。企业办学模式的管理机制需要从多方面入手，以确保其高效运作。

首先，建立多层次的教学管理体系是关键。通过设置不同层级的管理部门和职能小组，确保企业大学的各项职能部门能够高效协同。这样的管理体系能够在各个层面上提供支持，确保教育服务的整体质量得到提高。通过明确的职责分工和高效的沟通机制，管理体系能够更好地响应行业需求和教育目标的变化。

其次，在动态变化的行业环境中，课程内容的前沿性是企业办学模式成功的关键因素。实施动态课程管理是确保教育内容与行业发展同步的有效手段。企业办学模式应根据行业发展变化和企业需求，及时更新和优化课程设置。通过定期的市场调研和行业分析，课程内容能够保持与最新行业趋势的紧密联系。这不仅有助于学生掌握最新的专业知识和技能，也能够提升学生在就业市场上的竞争力。

再次，教师的专业发展是企业办学模式中不可或缺的一环。设立定期的师资培训与发展计划，能够确保教师不断更新其专业知识和教学技能。随着行业技术和市场需求的变化，教师需要不断地提高自身的专业水平，以适应新的教学内容和方法。通过与行业专家的合作和参与行业实践，教师能够更好地理解行业需求，并将其转化为教学内容。这种持续的专业发展不仅提高了教师的教学质量，也为学生提供了更丰富的学习体验。

最后，企业与教育机构之间的合作是企业办学模式成功的基础。建立与企业的紧密合作机制，能够确保教育内容与市场需求的高度契合。通过定期邀请企业代表参与课程评审和教学活动，教育机构能够获得第一手的市场反馈信息。这种合作不仅有助于课程内容的更新和优化，也为学生提供了更多的实践机会和行业见解。企业代表的参与能够为课程设计提供宝贵的行业视角，确保教育内容的实用性和前瞻性。

三、企业办学模式的教学方法

（一）项目教学

在数字贸易领域，理论知识的掌握固然重要，但更关键的是如何将这些知识应用于实践中。项目教学通过模拟真实的商业环境，让学生在解决实际问题的过程中，锻炼其分析和决策能力。这种教学方法不仅提升了学生的专业素养，还强化了他们在复杂情境下的应变能力，为未来的职业发展奠定了坚实的基础。

在项目教学中，学生通常以团队形式协作，这种合作模式有助于培养学生的团队合作精神和沟通能力。数字贸易行业的快速发展和多样化要求从业者具备良好的团队协作能力。通过团队项目，学生可以体验不同角色的分工与合作，学习如何在团队中有效沟通和解决冲突。这种经历不仅有助于提高学生的个人能力，也为他们未来进入职场后快速适应团队工作打下了良好的基础。

项目教学强调跨学科知识的整合，帮助学生将不同领域的知识应用于实际项目中。数字贸易涉及经济、法律、技术等多个领域的知识，因此，跨学科的学习与应用显得尤为重要。通过项目教学，学生能够在项目中综合运用所学的多学科知识，提升其综合分析和解决问题的能力。这种知识整合的能力在数字贸易中尤为关键，因为行业的复杂性和多变性要求从业者具备广泛的知识储备和灵活的思维方式。

此外，项目教学还为企业直接参与课程设计提供了机会，确保学生学习的内容符合最新的行业标准。企业通过参与课程设计，不仅可以为学生提供最前沿的行业信息，还能根据行业的发展需求调整教学内容，使学生的学习与行业需求紧密结合。这种产教融合的模式，不仅提高了学生的就业竞争力，也为企业培养了符合其需求的高素质人才。

项目教学鼓励学生进行自主学习和思维创新，提升其在快速变化的市场环境中的适应能力。在数字贸易领域，市场环境变化迅速，要求从业者具备较强的自主学习能力和创新思维。通过项目教学，学生在自主探索和创新实践中，不仅提高了学习的主动性和积极性，还培养了创新意识和能力。这种能力对于应对未来的职业挑战和抓住市场机遇至关重要。

（二）行业专家参与教学

通过引入行业专家，教育机构能够为课程提供最新的行业动态和技术趋势。

这种参与不仅能确保学员学习内容的前沿性和实用性，还能使学生在实践中接触行业的最新发展，这对于数字贸易领域尤为重要。在快速变化的数字经济环境中，掌握最新的信息和技术是培养高素质人才的关键。因此，行业专家的参与可以有效地提升课程的时效性和针对性，帮助学员在学术和职业生涯中保持竞争优势。

此外，行业专家的参与能够促进跨学科的知识融合。在数字贸易中，复杂问题往往需要多种视角和技能的综合运用。专家通过分享他们在不同领域的专业知识，帮助学生理解如何将不同学科的知识融会贯通，以解决实际问题。这种跨学科的教学方法不仅提高了学生的综合素质，还培养了他们的创新能力和批判性思维能力，使他们在未来的职业生涯中能够灵活地应对各种挑战。

行业专家的参与还为学生提供了宝贵的职业发展指导。通过与行业专家的互动，学生能够更清晰地了解行业的运作模式和职业发展的路径。专家的经验分享和职业建议，帮助学生明确职业规划和发展方向，增强了他们的就业竞争力。在数字贸易领域，明确的职业目标和发展路径可以帮助学生更好地适应行业变化，并在职业生涯中取得成功。

行业专家通过参与课程评估和反馈，能够帮助教育机构不断地优化课程设置。专家的反馈意见可以揭示课程内容与行业需求之间的差距，促使教育机构进行必要的调整和改进。这种反馈机制能够确保教育内容与行业需求的高度契合，使教育机构能够培养出更符合市场需求的人才。通过这种方式，企业办学模式不仅促进了产教融合，还为数字贸易领域的人才培养提供了坚实的基础。

（三）混合教学

混合教学作为一种创新的教学方法，结合了线上与线下学习方式，为学生提供了更大的学习灵活性和自主性。这种教学模式能够适应不同学习者的需求，使学生能够根据自己的学习节奏进行知识的吸收和应用。在数字贸易人才培养中，混合教学模式的应用尤为重要，因为它不仅能满足学生多样化的学习需求，还能为他们提供更多的学习资源和机会。

通过混合教学，学生在课堂上可以与教师和同学进行面对面的互动，促进了直接的沟通和交流。同时，他们也可以利用在线资源进行深入学习，进一步巩固课堂上所学的知识。这种模式能够有效地将理论与实践结合，使学生不仅能够理解知识的基本概念，还能通过应用这些概念来解决实际问题，从而提高他们在数字贸易领域的实际操作能力。

混合教学模式的一个显著特点是能够引入多种教学工具和技术，如视频课程、在线讨论平台和虚拟实验室。这些工具不仅提升了学习的趣味性和参与度，还为学生提供了一个多样化的学习环境。在这种环境中，学生可以通过观看视频课程来获取知识，通过在线讨论平台与同学和教师进行交流，并在虚拟实验室中进行模拟实验，这些都为他们提供了丰富的学习体验。

此外，混合教学模式允许课程内容的个性化定制，教师可以根据学生的学习进度和兴趣调整教学策略。通过这种方式，教师能够确保每位学生都能获得最佳的学习体验。这种个性化的教学方法不仅增强了学生的学习效果，还激发了他们的学习兴趣，使他们更加积极主动地参与学习。

混合教学还促进了学生的自我管理能力。在这种教学模式下，学生需要在自主学习和团队合作中提升时间管理和任务规划的能力。这些能力对于他们未来在职场中的发展至关重要，因为在快速变化的数字贸易环境中，能够高效管理时间和任务是取得成功的关键。通过混合教学，学生不仅获得了理论知识，还为未来的职业生涯做好了充分的准备。

四、企业办学模式的质量保障

（一）企业办学模式的质量监控与评估体系的构建

企业办学模式的质量监控体系需要全面覆盖从课程设计到实施的各个环节，以确保教学内容的科学性和实用性。通过建立全面的课程评估体系，教育机构可以定期收集学生和行业专家的反馈，确保课程内容与市场需求保持一致。这种反馈机制不仅有助于课程的不断优化，还能确保学生在学习过程中获得符合行业标准的知识和技能。此外，课程评估体系的构建还需要考虑不同学科和专业的特点，以便制定出更具有针对性的评估标准。

建立全面的课程评估体系是企业办学模式质量保障的核心任务。通过定期收集学生和行业专家的反馈，教育机构能够及时调整课程内容，以适应快速变化的市场需求。这种动态调整机制不仅提高了课程的实用性，还增强了学生的就业竞争力。此外，反馈的收集和分析还可以为课程设计者提供宝贵的第一手资料，使其能够更好地理解行业趋势和学生需求，从而在课程内容和教学方法上进行创新和改进。这一过程需要企业与教育机构的紧密合作，共同推动课程质量的提高。

实施教学质量监控是确保企业办学模式有效性的重要措施。通过课堂观察、学生表现和学习成果分析，教育机构可以及时发现并解决教学过程中存在的问题。这种监控机制不仅有助于提高教师的教学水平，还能确保学生在学习过程中获得高质量的教育体验。此外，教学质量监控还可以为教育机构的管理层提供决策支持，使其能够根据实际情况采取相应的改进措施，从而实现教学质量的持续提高。为了确保监控的有效性，教育机构需要建立一套科学的监控指标和评估标准。

构建多维度的师资评估机制是提高企业办学模式教育质量的重要环节。通过对教师的教学效果、行业参与度和专业发展情况进行综合评价，教育机构可以确保师资队伍的整体水平不断提高。这种评估机制不仅关注教师的教学能力，还强调其在行业中的实践经验和专业发展。这一综合评价体系能够激励教师不断地提高自身的教学水平和专业能力，从而为学生提供更高质量的教育服务。此外，师资评估机制的构建还需要考虑不同学科和专业的特点，以便制定出更具有针对性的评估标准。

设立校企合作成果的评估标准是确保企业办学模式有效对接人才培养与企业需求的重要手段。通过定期评估校企合作项目的成效，教育机构可以确保所培养的人才能够满足企业的实际需求。这种评估机制不仅有助于提高校企合作项目的质量，还能为未来的合作项目提供有价值的参考。此外，校企合作成果评估还可以为教育机构和企业提供一个交流和反馈的平台，使双方能够在合作过程中不断地改进和提升。为了确保评估的客观性和公正性，教育机构需要与企业共同制定科学的评估标准和指标。

（二）企业办学模式的持续改进与反馈机制

通过收集学生和行业专家的反馈，教育机构能够及时调整课程内容，以确保教学内容与行业发展保持同步。这一过程不仅需要深入了解市场趋势，还需对课程内容进行灵活调整，以培养出符合企业需求的高素质人才。课程评估机制的成功实施依赖多方参与和协作，确保反馈信息能够被有效采纳和应用，从而促进课程的持续改进。

在企业办学模式中，实施动态的教学质量监控是提高教学效率的关键。通过课堂观察和学习成果分析，教育机构能够识别教学过程中的问题，并在早期阶段进行干预。这种动态监控不仅有助于提高教学质量，还能为学生提供更个性化的学习支持。通过定期的教学质量审查，教育机构能够不断地优化教学方法，确保学生在学习过程中获得最佳的教育体验。同时，动态监控还为教师提供了改进教学策略的依据，使其能够更有效地传授知识和技能。

构建师资培训与发展体系是企业办学模式中不可或缺的一环。为了确保教师能够跟上行业发展的步伐，定期的专业技能和教学方法培训显得尤为重要。这不仅有助于提高教师的专业水平，也为其提供了了解最新行业动态和教学技术的平台。通过系统的培训与发展，教师能够在教学中融入最新的行业实践，进而提高教学质量。这样的培训体系还可以激发教师的创新能力，使其在教学中不断地探索新的方法和策略，以更好地满足学生的学习需求。

设立校企合作成果的定期评估标准是确保企业办学模式与市场需求紧密结合的有效途径。通过对校企合作项目成效的评估，教育机构能够识别出人才培养与企业需求之间的差距，并采取相应的改进措施。这种评估标准不仅关注合作项目的直接成果，还考虑其对学生职业发展的长期影响。通过科学合理的评估体系，校企合作能够不断地优化，确保教育与产业之间的有效对接，从而培养出能够满足市场需求的高素质数字贸易人才。

第三节 订单式培养模式

一、订单式培养模式的定义与特点

（一）订单式培养模式的定义

订单式培养模式是一种创新的人才培养策略，其核心在于紧密结合企业的实际需求，以实现教育与产业的无缝对接。该模式通过与企业签订培养订单，明确了人才培养的具体目标和要求，从而确保学生在毕业时能够直接满足企业的用人标准。订单式培养模式不仅关注理论知识的传授，还强调实践性。学生在学习过程中有机会参与真实的项目和实习，直接在企业环境中锻炼自己的职业技能和实际操作能力。这种实践导向的学习方式，不仅提升了学生的专业素养，也增强了他们的就业竞争力。

订单式培养模式的一个显著特点是企业的深度参与。企业不仅在课程设置中贡献专业知识，还在教学实施和评估反馈中发挥关键作用。这种合作关系确保了教育内容的实用性和行业相关性，使课程能够紧跟产业发展的最新趋势和技术标准。通过这种模式，高校能够根据企业的具体需求灵活调整教学内容和培养方案，确保毕业生的技能与市场需求高度匹配。这种灵活性不仅提高了学生的就业率，还使他们在快速变化的数字贸易环境中具备更强的适应能力和创新能力。

订单式培养模式的实施，不仅对学生有利，也为企业带来了实际的好处。企业通过参与人才培养过程，能够提前接触潜在的优秀员工，并根据自身的需求进行定向培养。这种“订单式”的合作方式，有助于企业在人才市场中占领先机，确保其人力资源的质量和稳定性。此外，企业在与高校的合作中，也能够通过反馈机制不断地优化自身的用人标准和培养策略，实现双赢的局面。订单式培养模式作为产教融合的一种有效形式，正在为数字贸易人才的培养提供新的思路和方法。

（二）订单式培养模式的特点

订单式培养模式强调与企业的紧密合作，确保教育内容与实际工作需求高度契合，从而提升学生的就业适应性。在订单式培养模式中，高校与企业建立起密切的合作关系，企业根据自身的人才需求提出具体的培养目标和要求，高校则根据这些需求调整教学内容和课程设置。这种合作不仅使教育内容更加贴近实际工作环境，也使学生在毕业时能够迅速适应职场，满足企业的用人标准。

实践导向是订单式培养模式的一大特点。学生通过参与真实项目和实习，能够在实践中不断地提升职业技能和实际操作能力。这种模式强调“学中做，做中学”，学生在实践中不仅能够将理论知识应用于实际问题的解决，还能培养团队合作、沟通交流等综合素质。这种实践导向的培养方式为学生未来的职场发展奠定了坚实的基础，使他们在毕业后能够快速融入企业，承担起相应的工作职责。

订单式培养模式的灵活性体现在高校可以根据企业的具体需求灵活地调整课程设置和培养方案。这种灵活性使教育更具有针对性和实用性，能够快速响应行业变化和企业需求的调整。高校在课程设计中加入最新的行业动态和技术发展趋势，使学生能够掌握前沿的专业知识和技能。这种灵活调整不仅提高了教育的有效性，也使学生在毕业时具备更强的竞争力。

在订单式培养模式中，企业在教育过程中发挥着重要作用。企业不仅参与课程设计，还参与教学实施和评估反馈。这种深度参与能够确保人才培养的过程符合行业标准，企业可以通过这种模式获得更符合自身需求的人才。同时，企业的参与也为学生提供了更多的实践机会和职业发展路径，使他们能够更好地了解行业动态和企业文化。这种双向互动的合作模式不仅提高了教育质量，也为企业和高校的长期合作奠定了基础。

二、订单式培养模式的需求分析与目标定位

（一）订单式培养模式的需求识别与分析

通过系统化的需求分析，教育机构能够与企业共同制订培养方案，确保学生在毕业时具备市场所需的专业技能。这一模式不仅提升了学生的就业适应性，还有效地缩短了企业的人才培训周期。通过这种精准对接，教育机构能够及时更新课程内容，使其与行业发展保持同步，从而为学生提供更具竞争力的学习体验。

在订单式培养模式中，与企业的深入合作是关键。通过这种合作，课程内容能够与实际工作任务紧密结合，增强学生的实践能力。企业在这一过程中扮演着重要角色，它们不仅提供了真实的工作场景，还为学生提供了宝贵的实习机会。这样的安排使学生在校期间就能够积累实际工作经验，毕业后能够更快地适应工作岗位的要求。此外，企业的参与也使课程的设计更具有实用性和前瞻性。

订单式培养模式特别强调实时反馈机制的重要性。在培养过程中，企业持续提供反馈，帮助高校及时调整教学内容以适应市场变化。这种动态调整机制确保了教学内容的前沿性和实用性，使学生能够掌握最新的行业动态和技术技能。通过这种实时反馈，教育机构能够快速响应市场需求的变化，从而保持课程的竞争力和吸引力。

此外，订单式培养模式通过明确的培养目标和要求，使学生在学习过程中能够更清晰地了解职业发展路径。这种清晰的目标导向不仅提高了学生的学习动力，还帮助他们在职业选择上作出更明智的决策。学生能够在学习过程中不断地反思和调整自己的职业规划，从而在毕业时拥有更明确的职业定位和发展方向。

订单式培养模式还促进了高校与企业之间的紧密联系，形成了良好的合作生态。这种合作关系不仅为双方提供了更多的资源共享和发展机会，也为学生创造了更优质的学习和就业环境。通过这种合作，高校能够获得更多的

行业资源和支持，而企业则能够获得更符合自身需求的人才，实现双赢的局面。

（二）订单式培养模式的目标设定

针对企业对数字贸易人才的具体需求，订单式培养模式的目标设定需从多方面入手。需要明确订单式培养模式的具体人才需求，这要求高校在课程设计时必须与企业的实际用人标准相符。通过与企业的深入合作，高校能够更好地了解行业的最新动态和技术发展，从而在课程中融入企业所需的技能和知识。这种紧密结合不仅有助于学生在毕业后迅速适应工作岗位，也提高了高校毕业生的就业竞争力。

在制定培养目标时，必须明确学生在学习过程中应掌握的技能和知识点。这不仅包括数字贸易领域的专业知识，还涵盖了跨文化沟通能力、数据分析能力和信息技术应用能力等综合素质。通过精准的目标设定，学生能够在学习过程中有明确的方向和重点，进而提高学习的效率。此外，培养目标还应有一定的灵活性，以便根据行业变化和学生的个体差异进行调整，确保培养出的学生能够满足多样化的市场需求。

建立企业与高校之间的沟通机制是订单式培养模式成功实施的关键。通过定期的交流和反馈，高校能够及时了解企业对人才需求的变化，并据此调整培养方案。这样的沟通机制不仅有助于课程内容的更新和优化，也为学生提供了更多的实习和就业机会。此外，企业参与人才培养的过程，也能够更好地发挥其在实践教学中的作用，为学生提供真实的工作环境和实践机会，进而提高学生的实践能力和职业素养。

设计多元化的实习和项目实践环节，是订单式培养模式的重要组成部分。通过与企业合作，学生可以在真实的商业环境中应用所学知识，解决实际问题。这不仅增强了学生的实践能力，也提高了他们的职业素养。多样化的实践环节包括企业实习、项目合作、案例分析等形式，旨在帮助学生将理论知识与实际应用相结合。同时，这些实践活动也为学生提供了与行业专家和从业人员交流的机会，拓宽了他们的视野和人脉。

订单式培养模式也重视促进学生的职业发展意识，帮助其明确未来职业路径与发展目标。在培养过程中，通过职业规划课程、职业咨询和校企合作活动，学生能够更清晰地认识到自身的优势和不足，并制订相应的职业发展计划。这种职业导向的培养模式，不仅能帮助学生在校期间明确方向，也为其未来的职业发展奠定了坚实的基础。通过这样的培养模式，学生能够更好地适应数字贸易行业的快速变化，成为具有竞争力的专业人才。

（三）订单式培养模式的目标调整

在数字贸易人才培养中，根据企业反馈及时调整课程内容，确保学生所学技能与市场需求保持一致。数字贸易行业瞬息万变，新技术和新模式层出不穷。因此，课程内容需要动态调整，以适应市场的快速变化。高校与企业应保持紧密合作，通过定期的反馈机制，了解企业对人才技能的具体需求，从而对课程设置进行实时更新。这不仅有助于提高学生的就业能力，也能使高校的教学内容保持前沿性和实用性。

定期评估学生的职业发展进展是订单式培养模式的重要环节。通过跟踪毕业生的职业路径，分析其在职场中的表现，可以为课程设置和培养目标的调整提供重要依据。随着行业变化和企业需求的不断演变，培养目标也需灵活修改。这种动态调整机制不仅能帮助学生更好地适应职场环境，还能为企业输送更符合其需求的人才。此外，这种评估机制也为高校提供了宝贵的数据支持，使其能够在人才培养的过程中不断地进行优化和提升。

建立多方参与的目标调整机制是实现订单式培养模式目标调整的有效途径。通过高校、企业及学生的共同参与，确保各方的意见和需求得到充分考虑。高校可以通过设立由企业专家和学生代表组成的顾问委员会，定期召开会议，讨论课程设置和培养目标的调整事宜。这样的机制不仅能增强培养方案的科学性和合理性，还能提高学生的学习积极性和参与感。多方参与的机制使培养目标的调整更加全面和精准，确保培养方案的实施效果。

结合行业最新技术趋势，适时更新培养方案，以增强学生的市场竞争力。数字贸易行业的快速发展要求人才具备最新的技术技能和行业知识。高校应密切关注行业动态，及时将新技术、新工具和新方法纳入课程体系中。通过与行业专家的合作，确保学生在学习过程中接触到最前沿的技术动向。这不仅能提高学生的专业素养，也能增强他们在就业市场中的竞争力，为企业提供更高质量的人才支持。

设定短期与长期目标相结合的培养框架，是订单式培养模式目标调整的重要策略。短期目标可以帮助学生在学习过程中获得阶段性成果，增强学习成就感和动力。长期目标则为学生的职业发展提供了方向和规划，帮助他们在快速变化的行业中找到自己的定位。通过科学合理的目标设定，学生可以在学习过程中逐步实现职业发展目标，最终成长为具备创新能力和实践技能的数字贸易专业人才。这样的目标设定不仅有助于学生的个人成长，也为企业和行业的发展提供了持续的人才支持。

三、订单式培养协议与方案设计

（一）订单式培养协议框架与条款设置

订单式培养协议应详细列出学生需要掌握的技能和知识点，确保这些内容与企业的用人标准相符。这种明确的目标设定不仅有助于学校制定相应的课程内容，还能使学生在学习过程中有明确的方向感和目标感。此外，协议中的目标设定还需考虑数字贸易行业的发展趋势和企业的实际需求，以便培养出既符合当前市场需求又具备未来发展潜力的人才。

协议中企业和高校各自的责任与义务也是一个关键部分。明确的责任划分可以确保双方在合作过程中角色清晰，避免因职责不明而导致的合作障碍。企业在协议中应承诺提供必要的资源支持，如实习岗位、项目实践机会等，同时，也需参与课程设计和教学过程，以确保教学内容的实用性和针对性。高校则需要提供合格的教学资源和环境，确保课程质量和教学效果。通过这种双向的责任与义务设定，能够有效地促进产教融合的深度合作。

设定学生实习和项目实践的具体安排是订单式培养协议的核心内容。协议中应详细规定实习的地点、时间、内容及考核标准，以增强学生的实践能力。这不仅有助于学生将理论知识转化为实际技能，还能让他们更好地适应未来的工作环境。通过在企业真实环境中的实践，学生能够更直观地了解数字贸易的运作模式和行业动态，从而提高自身的竞争力和就业能力。

协议还需包含定期反馈机制的条款，以确保企业能够及时向高校提供学生表现和课程内容的反馈。这样的反馈机制有助于实现人才培养过程中的动态调整，使课程内容和教学方法能够迅速响应行业变化和企业需求。同时，定期的反馈也能帮助学生了解自身的不足和进步，从而更有针对性地进行学习和提升。通过这种持续的反馈和调整，能够确保人才培养的质量和效果。

建立成果评估与奖励机制是订单式培养协议中不可或缺的一部分。协议中应明确学生在完成培养项目后的评估标准与奖励措施，以激发学生的学习积极性和职业发展意识。通过科学合理的评估标准，能够客观地衡量学生的学习成果和实践能力，而适当的奖励措施则可以激发学生的学习动力和对未来职业发展的信心。这种评估与奖励机制不仅有助于学生的个人成长，也能提升整个订单式培养模式的吸引力和影响力。

（二）订单式培养协议签订

订单式培养协议的签订应明确双方的合作目标，具体包括人才培养的方向和预期成果。这不仅是为了确保合作的有效性和针对性，也是为了在实践中实现教育与产业需求的紧密对接。通过明确的合作目标，企业和高校可以在人才培养的过程中形成合力，最大化地发挥各自的优势，培养出符合产业需求的高素质数字贸易人才。

在订单式培养协议中，详细规定各方的权利与义务是合作成功的基础。企业在此过程中应参与实习安排和课程设置，以确保学生所学内容与行业需求紧密相关。同时，高校需承担起教育质量和学生管理的责任，确保学生在校期间获得系统的理论知识和必要的职业技能。这样的安排不仅有助于提升学生的实际操作能力，也能有效地缩短学生从学校到职场的过渡期。

协议中设定学生在实习和项目实践中的具体考核标准至关重要。这些标准为学生提供了明确的学习目标，并确保他们在实践过程中能够获得真实的反馈。通过严格的考核，学生的技能提升得到了保障，他们在完成实习后能够更好地适应真实的工作环境，并为未来的职业发展奠定坚实的基础。

此外，协议应包含定期评估机制，确保企业能够就学生的表现和课程内容提供反馈。这种机制有助于高校及时调整培养方案，以适应不断变化的行业需求。通过定期评估，高校可以更好地了解学生的学习进度和企业的实际需求，从而在课程设计和教学方法上进行必要的调整，提高人才培养的针对性和有效性。

建立成果评估与激励机制是订单式培养协议中的重要一环。明确学生在完成培养项目后的评估标准及相应的奖励措施，可以有效地激发学生的学习积极性和培养职业发展意识。这样的机制不仅有助于提升学生的学习动力，也为他们在未来的职业生涯中树立了明确的奋斗目标，推动他们在数字贸易领域不断地进步和创新。

（三）订单式培养方案设计

订单式培养方案应结合企业的具体需求，明确人才培养的核心技能和知识点，以确保课程内容与实际工作紧密对接。通过这种方式，学生不仅能够在理论上掌握必要的知识，还能够在实践中将其应用于具体的工作场景。这种紧密结合的模式不仅提升了学生的就业竞争力，也为企业输送了更贴合实际需求的人才，从而实现了高效的产教融合。

在订单式培养方案中，设计多样化的实践环节是不可或缺的。包括实习、项目开发和行业研讨等多种形式，这些实践环节旨在增强学生的实践能力和创新意识。通过实习，学生能够在真实的工作环境中锻炼自己的技能，项目开发则为学生提供了将理论知识转化为实际成果的机会，而行业研讨则促进了学生与行业专家之间的交流，激发了他们的创新思维。这样的安排确保了学生能够适应未来职场的挑战，成为具备综合能力的数字贸易人才。

为了确保订单式培养方案的有效性，建立系统的评估机制是必要的。通过定期收集学生和企业的反馈，教育机构能够对培养方案进行动态调整，以确保其持续符合市场需求。这种反馈机制不仅能够帮助识别出培养方案中的不足，还能够为其改进提供切实可行的建议，从而提高整体培养质量。此外，这种机制也为企业提供了一个参与教育过程的平台，使其能够更好地表达自身的人才需求。

制定详细的时间表和实施步骤是订单式培养方案成功的关键。确保各项活动能够按计划推进，并及时评估和调整项目进展，可以有效地降低项目实施中的风险。通过清晰的时间规划和实施步骤，教育机构能够更好地协调各方资源，确保培养方案的各个环节都能够顺利开展。这种精细化的管理不仅提高了方案的执行效率，也为学生提供了一个有序的学习环境。

设立师资培训与发展计划也是订单式培养方案设计的重要组成部分。确保参与教学的教师能够不断地更新专业知识和教学技能，以适应行业变化和学生需求，是提高教学质量的关键。通过定期的培训和发展计划，教师能够及时掌握行业最新动态，并将其融入教学过程中。这不仅提高了教师的教学水平，也为学生提供了更前沿的学习内容，进一步增强了订单式培养方案的整体效果。

四、订单式培养过程管理

（一）订单式培养过程中的组织与协调机制

在订单式培养过程中，建立明确的组织结构，设立专责团队负责订单式培养项目的整体协调与管理。这样的团队不仅需要具备专业的管理能力，还需对数字贸易行业的最新发展动态有深刻的理解。通过明确各方职责，可以确保高校与企业在订单式培养项目中的角色和任务清晰，从而避免因职责不明导致的沟通障碍和资源浪费。

在此基础上，制定详细的沟通机制显得尤为重要。包括定期会议和信息共享平台在内的多种沟通方式，可以促进高校与企业之间的有效合作。通过定期的面对面会议，双方能够深入交流项目进展和遇到的问题，而信息共享平台则提供了一个持续更新和反馈的渠道，确保信息的及时传递和问题的快速解决。这种双向沟通机制不仅提高了合作效率，还增强了双方的信任与合作意愿。

为了更好地适应市场的快速变化，实施动态调整机制是订单式培养过程中的一大亮点。通过收集企业反馈和观察学生表现，可以及时优化培养方案和课程内容。这样一来，培养过程不仅能与市场需求保持一致，还能为学生提供更有针对性的学习内容，提升其就业竞争力。这种灵活性和适应性是订单式培养模式成功的关键因素。

项目进度监控系统的建立则为订单式培养过程提供了科学的评估依据。通过定期评估订单式培养的实施效果，可以确保各项活动按计划推进，并在必要时进行及时调整。项目进度监控不仅有助于发现培养过程中的不足，还为后续的改进提供了数据支持。这样的系统化管理使培养过程更加透明和可控，提高了项目的整体质量。

设立跨部门协作小组是推动订单式培养项目实施与创新的有效途径。通过整合教育、企业和行业专家资源，可以在培养过程中引入多元化的视角和创新的解决方案。跨部门协作不仅能促进资源的有效利用，还能推动培养模式的不断创新，为数字贸易人才的培养提供更广阔的空间和更多的可能性。这种协作机制为订单式培养注入了持续的活力和创新动力。

（二）订单式培养的进度管理与跟踪

订单式培养的进度管理与跟踪对于确保人才培养的顺利推进至关重要。建立一个清晰的进度管理框架是首要任务。这个框架应详细列出各个环节的时间节点和任务分配，确保每个参与方都能明确自己的职责和时间安排。这种明确性不仅有助于高校和企业之间的协调与执行，也能有效地减少因沟通不畅而导致的延误和误解。通过这样的框架，各方可以在一个共同的时间表下高效运作，确保培养计划的顺利实施。

为了保证订单式培养项目能够按计划推进，实施定期进度检查机制是必要的。通过定期评估项目的实施效果，各方能够及时发现潜在的问题并采取相应的解决措施。这种机制不仅能确保项目的各个阶段都在按计划进行，还能为后续的工作提供宝贵的经验和教训。定期检查可以是每月或每季度进行，具体频率应根据项目的复杂性和进展情况灵活调整。通过这样的检查机制，可以有效地避免项目偏离计划轨道，确保培养目标的实现。

在订单式培养过程中，设立反馈渠道是一个重要的环节。通过鼓励学生和企业在培养的任何阶段提出意见和建议，能够对培养方案和教学内容及时进行调整。这种反馈机制不仅能提高培养的质量，还能增强学生和企业的参与感和责任感。反馈渠道可以采用多种形式，如在线平台、定期反馈会议或匿名问卷等，以确保所有参与者都能方便地表达自己的看法和建议。这种开放的沟通环境有助于培养过程的持续优化。

利用数据分析工具进行学生学习进度和实习表现的跟踪，是现代订单式培养管理的一个重要组成部分。通过实时获取相关数据，管理者可以更好地支持决策和调整培养方案。这些数据不仅包括学生的学术成绩，还应涵盖其在实习中的表现和反馈。通过对这些数据的分析，可以发现学生在学习和实践中的优势和不足，从而有针对性地进行指导和支持，确保每个学生都能在培养过程中得到充分的发展。

组织定期的项目评估会议是促进高校与企业深入合作的有效途径。在这些会议上，高校和企业代表可以共同分享项目的进展情况，讨论存在的问题及其解决方案。这种面对面的交流不仅能增强双方的理解和信任，还能为合作的深入发展创造条件。通过这样的评估会议，各方可以更好地协调资源，优化培养方案，确保培养目标的实现。这种合作模式有助于提高订单式培养的整体水平，为数字贸易人才的培养提供有力的支持。

（三）订单式培养中的资源配置与优化

在订单式培养模式中，资源配置的目标必须明确，确保各项资源的分配与订单式培养的整体目标一致。通过明确的资源配置目标，可以有效地增强培养效果，使培养过程更加系统化和有针对性。资源配置不仅涉及物质资源的分配，还包括人力资源和信息资源的合理利用。为了实现资源的最优配置，必须在培养过程中不断地调整和优化资源的使用策略，以适应订单式培养的动态需求。

资源共享机制的建立是优化资源配置的有效途径。通过促进高校与企业之间的资源整合，可以提高教学与实习资源的使用效率。高校可以利用企业的实际案例和设备进行教学，而企业则可以从高校获得最新的理论知识和研究成果。这种资源的双向流动不仅提高了资源的利用率，也增强了产教融合的深度和广度。通过资源的共享与整合，高校和企业能够更好地合作，共同提高数字贸易人才的培养质量。

设立专项资金支持订单式培养项目，是确保其可持续发展的重要举措。专项资金的设立可以保障各类教学活动和实习环节的顺利开展，增强项目的可持续性。资金的支持不仅可以用于购置教学设备和材料，还可以用于支持师资培训和学生实习等活动。通过合理的资金使用计划，可以有效地提高订单式培养的质量，确保培养出的数字贸易人才能够满足市场的实际需求。

制订师资培训计划是提高订单式培养质量的重要措施。通过系统的培训计划，可以提高参与订单式培养教师的专业能力和教学水平，以更好地适应企业需求和市场变化。培训计划不仅要涵盖最新的行业动态和技术发展，还要注重教学方法和实践能力的提升。通过不断的师资培训，确保教师能够在订单式培养中发挥更大的作用，为学生提供更优质的教育服务。

利用数据分析工具评估资源配置的有效性，是实现最佳培养效果和资源利用率的重要方法。通过数据分析，可以全面了解资源配置的现状和存在的问题，进而制定相应的调整策略。定期对资源分配策略进行评估和调整，可以确保资源的最优配置，增强订单式培养的整体效果。数据分析工具的使用不仅提高了资源管理的科学性和精确性，也为订单式培养的持续优化提供了有力的支持。

第四章　产教融合赋能的数字贸易人才培养课程设计与实施

第一节　课程设计原则

一、理论与实践相结合

数字贸易人才培养课程设计应当将数字贸易相关的理论课程与实用技能课程有机结合，确保学生在学习过程中能够将理论知识有效地应用于实际操作中。这种整合不仅帮助学生理解复杂的理论概念，还能使他们在真实的商业环境中灵活运用所学知识。通过这种方式，学生能够在理论学习的基础上，增强实际操作能力，为未来的职业生涯打下坚实的基础。

设计技能导向的评估体系是促进学生综合能力提升的关键。评估体系应当不仅关注学生在理论学习中的表现，还要重视他们在实践操作中的应用能力。通过这种双重评估，学生能够更好地理解自身的优势与不足，从而在学习过程中有针对性地进行改进。这种评估方式还可以激励学生在理论与实践之间找到平衡，培养他们的批判性思维和创新能力，最终提升其在数字贸易领域的专业素养。

建立跨学科的学习平台为学生提供了更广阔的视野和丰富的学习资源。通过跨学科的学习，学生能够在不同领域中寻找数字贸易的应用场景，培养其综合解决问题的能力。这种跨领域的学习方式不仅拓宽了学生的知识面，还增强了他们的适应能力和创新能力，帮助他们在复杂多变的商业环境中找到最佳解决方案。此外，跨学科的学习平台还促进了学生之间的合作与交流，提升了团队协作能力。

通过模拟真实的商业环境，学生可以在实践中识别与解决数字贸易中的实际问题，从而增强其职业竞争力。这种模拟不仅提供了一个安全的实践平台，还让学生有机会在实践中应用理论知识，验证其有效性。通过不断的实践与反思，学生能够积累宝贵的经验，提升其问题解决能力和决策能力。模拟真实环境的学习方式还可以帮助学生更好地适应未来的工作环境，提高其在职场中的竞争力和发展潜力。

二、行业需求导向

（一）紧密对接产业链需求

数字贸易人才培养课程设计必须紧跟产业链的发展趋势，以确保培养的人才能够满足行业的实际需要。通过深入分析行业发展动态，课程内容应及时更新，以反映最新的市场需求与技术趋势。这不仅要求教育机构具备敏锐的市场洞察力，还需要与行业保持密切的联系，确保教育目标与行业需求的高度一致性。同时，课程设计应考虑不同产业链环节对人才的具体要求，灵活调整教学内容和方法，以培养出既具备专业技能又能适应行业变化的复合型人才。

与行业企业建立长期合作关系是实现课程设计行业导向的关键。通过定期进行需求调研，教育机构可以获取最新的行业信息，确保课程设置与实际岗位技能相匹配。这种合作关系不仅有助于课程的动态调整，还可以为学生提供更实际的就业指导。此外，企业的参与能够提升课程的实用性和针对性，使培养出的人才能够迅速适应岗位需求。建立这种合作关系需要双方在目标、资源和信息共享等方面达成一致，以实现双赢。

邀请企业代表参与课程评审与设计，能够确保课程内容的实用性和前瞻性。企业代表作为行业的实践者，能够为课程设计提供宝贵的第一手资料和建议，确保课程内容能够有效地培养符合企业需求的人才。通过这种方式，课程不仅能够反映行业的最新发展，还能在教学中融入企业的实际案例和经验，使学生在学习过程中就能接触真实的行业问题和解决方案，从而提高其就业竞争力。

开展行业主题的研讨会是促进学校与企业之间信息交流的重要途径。这些研讨会可以为双方提供一个开放的平台，讨论行业发展的最新趋势和挑战，并及时调整人才培养方案。通过这种方式，学校能够更好地理解企业的需求和期望，而企业也能更深入地了解学校的教学能力和人才培养方向。这种双向的信息交流不仅有助于提高课程的质量，还能为学生创造更多的实践和就业机会。

建立校企联合实训基地为学生提供了一个真实的工作环境，使其能够更好地适应行业需求。这些实训基地通常由学校与企业共同建设和管理，学生可以在其中进行真实的项目实践，积累工作经验。通过这种方式，学生不仅能够将所学的理论知识应用于实践，还能在实训过程中发现自身的不足，从而有针对性地进行改进和提升。这种实践机会对于培养学生的职业素养和适应能力至关重要。

（二）强化行业专家参与

在数字贸易人才培养中，邀请行业专家参与课程讲授，学生能够接触最前沿的技术动态和市场趋势，这不仅拓宽了学生的专业视野，也使他们能够更好地理解行业的发展方向。行业专家在课堂上的分享，不仅是知识的传递，更是一种行业经验的传授，使学生能够将理论与实际结合，培养出更具有竞争力的人才。

建立行业专家顾问团是确保课程内容与行业需求紧密结合的重要举措。顾问团通过定期评估课程内容，能够及时发现并调整课程中与行业动态不符的部分，确保教育质量与行业标准同步。这样的评估机制不仅提升了课程的实用性，也为教育机构提供了一个与行业保持长期合作的平台。行业专家的反馈和建议，对于课程的持续改进和创新具有重要意义。

组织行业专家参与课外实践活动，如工作坊和讲座，是增强学生实际操作能力的有效途径。这些活动为学生提供了一个实践和验证课堂知识的机会，同时，也让他们在真实的行业环境中锻炼自己的能力。通过与行业专家的直接交流，学生能够更好地理解实际工作中的挑战和机遇，从而在未来的职业生涯中更加游刃有余。

鼓励行业专家参与学生的评估与反馈，是帮助学生理解行业标准与职业要求的重要方式。行业专家的评估不仅能够提供专业的视角，还能帮助学生明确自身的优势与不足。通过这种方式，学生能够更有针对性地进行自我提升，逐步达到行业所需的专业水平。行业专家的反馈，也是学生在校期间与未来职业生涯之间的重要桥梁。

（三）与企业合作研发项目

在数字贸易人才培养的过程中，与企业合作研发项目，不仅有助于增强学生的实践能力，还能确保课程内容紧跟行业发展步伐。通过设立企业参与的创新实验室，学生有机会在真实的项目环境中进行产品设计与市场调研。这种实践环境不仅提升了学生的动手能力和创新思维，也让他们在学习过程中直接接触行业的实际需求和挑战，从而为未来的职业生涯打下了坚实的基础。

与企业联合举办创新大赛是激励学生的重要方式。通过大赛，学生可以提出具有创新性的数字贸易解决方案，这不仅锻炼了他们的创造力和解决问题的能力，还促进了理论知识与实践技能的有效结合。大赛的评委通常由行业专家组成，他们的反馈和建议对学生来说是非常宝贵的学习资源。此外，获奖的解决方案还有可能被企业采纳，从而进一步增强学生的学习动力和成就感。

建立企业导师制度是产教融合的重要举措。通过一对一的指导，企业导师能够帮助学生深入地理解行业应用。这种指导不仅限于技术层面，还包括对行业趋势、职业发展路径的深入探讨。导师的行业经验和专业知识为学生提供了宝贵的视角，帮助他们更好地将理论知识转化为实际应用能力。这样的指导关系也为学生提供了一个了解行业内在运作机制的窗口。

此外，定期与企业合作发布行业白皮书是更新课程内容的重要手段。白皮书通常反映了最新的市场趋势与技术需求，为课程内容的调整和更新提供了科学依据。通过这种方式，课程设计能够始终保持与时俱进，确保学生所学内容符合当前行业的实际需要。这不仅提高了课程的实用性，也增强了学生的就业竞争力，使他们在毕业后能够迅速适应工作岗位的要求。

三、跨领域协作

（一）跨学科教学模块的设计与整合

跨学科教学模块的设计与整合是数字贸易人才培养的重要组成部分。其核心在于通过结合数字贸易与相关领域，如信息技术、市场营销和法律，培养学生的综合素质和多维视角。这种设计不仅要求学生掌握各个学科的基础知识，还需要他们能够在不同学科之间建立联系，形成统一的知识体系。通过这种方式，学生能够更好地理解数字贸易在不同领域中的应用和影响，从而具备更强的市场适应能力和创新能力。在课程设计中，教师需要考虑如何有效地将不同学科的内容有机整合，以实现教学目标。

项目式学习是一种有效的教学方法，能够在跨学科教学模块中发挥重要作用。通过项目式学习，学生被鼓励在跨学科团队中合作，解决实际的数字贸易问题。这种学习方式不仅提高了学生的团队协作能力，还增强了他们在真实情境中运用所学知识的能力。项目式学习强调实践与理论的结合，使学生在解决问题的过程中，不断地反思和调整自己的思维方式和策略。通过与来自不同学科背景的同学合作，学生能够更好地理解团队合作的重要性，并学会如何在团队中发挥自己的优势。

整合数据分析与数字贸易课程是培养学生数据驱动决策能力的关键。在现代数字贸易环境中，数据分析能力是企业决策的重要依据。通过将数据分析课程与数字贸易课程进行整合，学生能够在学习过程中掌握如何利用数据进行市场分析与预测。这不仅提升了学生的市场分析能力，还增强了他们在复杂市场环境中进行决策的能力。课程中可以引入实际的行业数据，帮助学生在真实的商业情境中应用数据分析技术，从而提高其对市场动态的敏感度和应对能力。

开发基于真实行业需求的跨学科实践项目，使学生在实际操作中体验不同领域的知识与技能融合。这种实践项目的设计应充分考虑行业的最新发展趋势和需求，确保学生所学内容与行业实践紧密结合。通过参与这些实践项目，学生能够在真实的商业环境中应用跨学科知识，体验从理论到实践的转化过程。这不仅提高了学生的职业素养，还增强了他们的就业竞争力。在项目实施过程中，教师应积极引导学生进行反思与总结，帮助他们在实践中不断地提升自己的综合能力。

（二）多专业联合项目的开发与实施

在数字贸易人才培养中，通过设计跨专业课程，将数字贸易与数据科学相结合，学生不仅能够掌握基础的贸易知识，还可以深度学习数据分析与决策能力。这种跨学科的课程设计，旨在培养学生在面对复杂商业环境时的综合分析能力，使他们能够在数据驱动的商业决策中脱颖而出。同时，这种课程设置也要求教师具备多学科的知识背景，以便为学生提供全面的指导和支持。

建立多专业合作团队，开展真实项目，是实现跨领域协作的有效途径。在这样的团队中，不同专业的学生可以共享知识，彼此学习，形成互补的优势。通过参与真实项目，学生能够将课堂学习与实际应用相结合，提升解决实际问题的能力。这种合作不仅促进了学生之间的知识共享与协作，也为他们在未来职业生涯中融入多元化团队打下了坚实的基础。

开发针对特定行业的联合项目，结合市场需求与技术创新，是提升学生实践能力与行业适应性的关键。通过与企业合作，课程设计可以更贴近市场需求，使学生在学习过程中了解行业动态和技术前沿。这样的项目不仅提升了学生的实践能力，还增强了他们对行业的适应性，使他们在毕业后能够快速地融入职场，满足行业对数字贸易人才的高标准要求。

组织跨专业的研讨会与工作坊，邀请各领域专家分享经验，是激发学生创新思维与解决问题能力的重要手段。这些活动为学生提供了一个交流和学习的平台，使他们能够接触不同领域的最新研究成果和实践经验。通过与专家的互动，学生能够开阔视野，激发创新思维，提高解决复杂问题的能力，为他们在数字贸易领域的职业发展奠定坚实的基础。

实施多专业联合评估机制，综合考核学生在跨学科项目中的表现，确保他们具备综合运用多领域知识的能力，是课程设计中的重要环节。这样的评估机制不仅关注学生的学术成绩，还注重他们在团队合作、问题解决和创新能力方面的表现。通过综合评估，学校可以更好地了解学生的综合素质和发展潜力，为他们提供更有针对性的指导和支持，确保他们在未来的职业生涯中能够胜任复杂的工作任务。

（三）产学研合作平台搭建

通过搭建产学研合作平台，高校与企业之间能够实现资源共享和信息交流，从而提高人才培养的针对性与实效性。在这一过程中，产学研合作平台不仅是一个沟通的桥梁，更是一个创新的孵化器。平台的搭建需要考虑多方面的因素，包括技术支持、政策支持以及利益相关者的积极参与。通过合理的规划和设计，平台能够有效地整合高校的科研资源和企业的市场需求，为学生提供一个全方位的学习和实践环境。

建立联合研究项目是产学研合作平台的重要组成部分。这些项目可以为学生提供参与实际科研与开发工作的机会，从而增强其创新能力，丰富其实践经验。在联合研究项目中，学生不仅能接触最新的技术和市场动态，还能在实际操作中锻炼解决问题的能力。通过与企业的合作，学生能够更好地理解行业的需求和挑战，为未来的职业发展打下坚实的基础。此外，联合研究项目还可以促进高校与企业之间的知识交流和技术转移，推动产学研合作的深入发展。

设立实习与实践基地是产学研合作平台的另一个重要环节。通过这些基地，学生可以在真实的工作环境中学习与成长，缩短理论与实践之间的距离。在实习与实践过程中，学生能够将课堂上学到的理论知识应用到实际工作中，增强其动手能力和适应能力。同时，企业也可以通过实习与实践基地发现和培养潜在的人才，为自身的发展储备力量。实习与实践基地的设立需要高校与企业的密切合作，以确保学生能够获得有价值的实践经验。

推动校企联合培训也是产学研合作平台的重要任务。通过定期举办行业培训课程，学生的职业技能与行业适应能力可以得到有效的提升。校企联合培训不仅可以帮助学生掌握最新的行业技术和趋势，还能提高其在就业市场中的竞争力。培训课程的设计需要结合企业的实际需求和市场的变化，确保学生所学的知识和技能能够满足行业的发展要求。通过校企联合培训，高校与企业可以共同推动数字贸易人才的培养。

开发行业需求导向的课程体系是产学研合作平台的最终目标。这一体系的开发需要结合企业的实际需求，制订符合市场趋势的人才培养方案。通过与企业的深入合作，高校可以及时调整课程内容和教学方法，以适应行业的变化和发展。行业需求导向的课程体系不仅能够提高学生的就业率，还能推动高校的教学改革和创新。在这一过程中，高校与企业需要保持密切的沟通与合作，以确保课程体系的科学性和实用性。

第二节　课程内容设置

一、数字贸易基础课程内容的设置

（一）数字贸易基础概念讲解

数字贸易指的是通过数字技术和互联网平台进行的商品和服务交易活动。它不仅包括电子商务，还涵盖数据传输、数字内容交付等多种形式。数字贸易的兴起源于互联网技术的普及和信息化程度的提高，这些因素共同推动了全球贸易模式的变革。通过对数字贸易基础概念的系统讲解，学生能够理解其在全球经济中的地位和作用，为后续课程的深入学习奠定基础。

数字贸易的定义不仅限于电子商务，还涵盖更广泛的数字化交易活动。其核心特征包括无国界性、高效性和创新性。无国界性指的是数字贸易突破了传统贸易的地理限制，实现了全球范围内的交易。高效性体现在交易成本的降低和交易速度的提升。创新性则表现在新商业模式和新技术的不断涌现。通过对这些特征的深入分析，学生可以更好地理解数字贸易的独特优势和发展潜力，为其在未来职业生涯中的应用奠定理论基础。

数字贸易与传统贸易在交易方式、参与者和交易流程等方面存在显著的区别。传统贸易依赖实体商品的流通和面对面的交易，而数字贸易则依托虚拟平台和数字化商品。然而，两者之间也有着密切的联系。数字贸易可以看作传统贸易的延伸和拓展，它不仅继承了传统贸易的基本原则，还通过技术创新实现了更高效的交易方式。通过比较分析，学生能够更全面地理解数字贸易在现代经济中的角色和价值。

在数字贸易的生态系统中，主要参与者包括平台提供商、卖家、买家、支付服务提供商和物流服务提供商等。平台提供商负责搭建交易平台，为交易双方提供信息交流和交易保障。卖家和买家则是交易的直接参与者，他们通过平台完成商品或服务的交换。支付服务提供商和物流服务提供商则分别负责交易的资金流动和商品的实际交付。在课程中，详细介绍这些参与者的角色和功能，有助于学生理解数字贸易的整体运作机制。

数字贸易的基本流程通常包括商品或服务的信息发布、买卖双方的交易撮合、支付结算和物流配送等环节。操作步骤则涉及平台注册、商品上架、订单处理、客户服务等具体操作。在教学中，通过案例分析和模拟操作，学生可以直观地掌握这些流程和步骤，提升其实践能力和问题解决能力。这种理论与实践相结合的教学方法，能够有效地提高学生对数字贸易操作的熟练度和适应性。

数字贸易的快速发展也带来了法律法规和合规要求方面的挑战。各国政府和国际组织相继出台了一系列政策法规，以规范数字贸易的市场行为，保护消费者权益和维护市场秩序。在课程中，重点介绍这些法律法规的基本内容和合规要求，帮助学生树立法律意识和合规观念。通过对法律法规的学习，学生能够在未来的职业活动中，准确识别和规避法律风险，确保数字贸易活动的合法性和合规性。

（二）国际贸易规则与数字贸易关系讲解

国际贸易规则为全球贸易活动提供了基础性框架，确保各国在贸易往来中享有公平的竞争环境。数字贸易作为一种新兴的贸易形式，其发展受到了这些国际规则的深刻影响。通过深入讲解国际贸易规则与数字贸易的关系，学生可以更好地理解数字贸易的法律环境及其在全球经济中的角色。数字贸易的兴起不仅改变了传统贸易的模式，也对现有的国际贸易规则提出了新的挑战和要求。

国际贸易规则的基本框架及其对数字贸易的影响是课程中的一个重要内容。国际贸易规则通常由多边协议、区域性协定以及双边条约构成，这些规则为贸易活动提供了法律保障和政策指导。在数字贸易中，这些规则的影响尤为显著。课程将详细解析这些规则的基本构成，并探讨其在数字贸易中的应用。通过对规则基本框架的学习，学生能够理解数字贸易如何在国际规则的约束下运行，以及这些规则如何影响数字贸易的发展。

数字贸易中涉及的主要国际贸易协定与条款也是课程的重要组成部分。数字贸易的跨国特性使其与多个国际贸易协定密切相关，如世界贸易组织（WTO）协定、跨太平洋伙伴关系协定（TPP）等。这些协定包含许多与数字贸易相关的条款，如电子商务、数据流动、隐私保护等。课程将重点分析这些协定中的关键条款，帮助学生理解这些条款如何影响数字贸易的运作和发展。

数字贸易合规性与国际贸易法规的关系是理解数字贸易运作的重要方面。合规性是企业在国际市场中生存和发展的基础。数字贸易中的合规性问题涉及多个层面，包括数据保护、网络安全、反垄断等。课程将通过案例分析的方式，探讨数字贸易中合规性与国际贸易法规的关系，帮助学生掌握如何在复杂的国际法规环境中实现合规。

数字贸易中知识产权保护的国际规则是课程中的关键内容。知识产权是数字贸易的核心资产，其保护直接影响企业的竞争力和创新能力。国际知识产权保护规则为数字贸易中的知识产权提供了法律保障。课程将详细讲解这些国际规则，并通过案例分析探讨这些规则在数字贸易中的具体应用。

国际贸易争端解决机制在数字贸易中的应用是课程的最后一个重要内容。数字贸易的复杂性和跨国特性使其容易产生各种争端。国际贸易争端解决机制为解决这些争端提供了制度化的途径。课程将介绍这些机制的基本原理和运作方式，并通过案例分析探讨其在数字贸易中的实际应用，帮助学生理解如何有效地解决数字贸易中的国际争端。

（三）数字贸易供应链讲解

理解数字贸易供应链不仅有助于提升学生对现代贸易环境的适应能力，还能为其在数字贸易领域的职业发展奠定坚实的基础。

数字贸易供应链的定义涉及多层面的整合，包括物流、信息流和资金流的高效协同。其构成要素涵盖供应链管理中的各个环节，如采购、生产、分销和逆向物流等。在课程中，我们将详细分析这些构成要素如何通过数字化技术实现无缝连接与协作，以提高供应链的整体效率和响应速度。这种分析将帮助学生理解供应链的复杂性和其在数字贸易中的关键作用。

数字贸易供应链的运作模式以其灵活性和高效性而著称。通过数字化平台，供应链各环节实现了信息的实时共享和动态调整，从而提高了供应链的响应能力和市场竞争力。课程将探讨这种运作模式的特点，包括其去中心化的管理结构和基于数据驱动的决策机制。这部分内容将有助于学生掌握如何在数字化环境下优化供应链管理。

在数字贸易供应链中，信息流和资金流的协调是确保供应链高效运作的关键。我们将研究如何通过先进的信息技术实现信息流的实时传递和资金流的快速结算，以及这两者之间的动态平衡。课程将提供案例分析，展示成功的协调机制如何提升供应链的整体效率和安全性，以帮助学生理解信息与资金在供应链中的战略作用。

数字贸易供应链面临着多种风险，包括网络安全、数据隐私和合规性等。课程将介绍供应链风险管理的基本策略和方法，以及如何通过合规性要求的满足来降低风险。通过对国内外风险管理实践的比较分析，学生将能够识别和评估数字贸易供应链中的潜在风险，并设计有效的风险缓解方案。

技术应用与创新实践是数字贸易供应链发展的核心驱动力。课程将探讨物联网、区块链和人工智能等前沿技术在供应链中的应用实例及其带来的创新变革。学生将通过案例分析，了解技术如何推动供应链的智能化和可持续发展，同时，培养其在数字贸易环境中应用技术解决实际问题的能力。

二、数字贸易专业课程内容的设置

（一）数字贸易支付与结算内容的设置

数字贸易支付与结算课程设置应综合考虑国内外支付系统的发展现状与趋势，涵盖从传统支付方式到数字化支付的演进过程。通过对比分析不同支付方式的优劣，学生能够更好地理解支付系统在全球贸易中的重要性。课程还应结合实际案例，展示支付与结算在数字贸易中的应用场景，以提升学生的实践能力和创新思维。

数字贸易支付系统的基本原理与流程是学生必须掌握的基础知识。课程内容应详细讲解支付系统的运作机制，包括支付指令的生成、传输、清算与结算等环节。通过对支付流程的深入剖析，学生能够理解各环节的技术支撑与操作要点。此外，课程还应涉及支付系统的历史背景与发展起源，使学生在掌握技术的同时，具备全面的历史视角。通过模拟支付流程的实际操作，学生可以更直观地理解支付系统的复杂性与重要性。

数字支付工具的多样性是数字贸易支付系统的重要特征。课程内容应涵盖主要数字支付工具的分类，包括电子钱包、移动支付、区块链支付等。每种支付工具在技术实现、使用场景、用户体验等方面都有其独特特点，课程应通过案例分析深入探讨这些特点。学生在学习过程中，需了解不同支付工具的适用范围及其在全球贸易中的应用实例，以便在未来的工作中灵活运用这些工具进行数字贸易操作。

支付安全与风险管理是数字贸易支付系统中不可忽视的重要环节。课程内容应详细介绍支付安全的基本概念与常见风险，包括数据泄露、欺诈交易等。通过分析国内外数字支付安全事件，学生可以认识支付安全的重要性及其对贸易的影响。课程还应教授学生制定有效的风险管理策略，包括技术手段与管理措施，以确保支付过程的安全性与可靠性，培养学生在数字贸易中的风险防控能力。

跨境支付涉及复杂的合规要求与法律法规，课程内容应详细介绍各国在跨境支付中的法律规定与合规要求。学生需了解不同国家和地区的跨境支付政策，以便在国际贸易中遵循当地的法律法规。课程还应涵盖国际支付标准与协议，使学生具备全球视野。通过对比分析国内外合规要求的差异，学生能够更好地理解跨境支付的挑战与机遇，为未来从事国际贸易奠定法律基础。

数字支付平台的技术架构是数字贸易支付系统的技术核心，课程内容应详细介绍其架构设计与功能模块。学生需掌握支付平台的技术实现，包括数据库管理、接口设计、用户认证等。课程还应探讨数字支付平台的创新应用，如区块链技术在支付中的应用。通过分析创新案例，学生能了解技术创新对支付平台发展的推动作用，并激发其在数字贸易领域的创新思维与实践能力。

（二）数字贸易客户服务与管理内容的设置

数字贸易客户服务与管理课程内容涵盖客户服务的基本概念、服务流程设计、客户需求分析与满足策略等。通过理论与实践相结合的教学方式，学生将学习如何在数字贸易中运用现代信息技术提升客户体验，增强客户忠诚度。这一模块的设置不仅强调理论知识的掌握，还注重实际操作能力的培养，为学生未来在数字贸易领域的职业发展奠定坚实的基础。

在数字贸易中，客户服务的基本原则包括以客户为中心、快速响应、个性化服务等，这些原则是课程设计的核心。课程将详细讲解从客户接触到服务完成的全流程管理，包括客户需求识别、服务方案制订、服务质量监控等。学生通过对这些流程的学习，能够理解如何在数字化环境中提供高效、优质的客户服务。此外，课程还将探讨如何利用数据分析技术优化服务流程，提高整体的服务效率。

客户关系管理（CRM）在数字贸易中扮演着至关重要的角色。课程将深入探讨 CRM 的基本概念、实施策略及其对企业竞争力的影响。通过案例分析，学生将了解如何在数字贸易中利用 CRM 系统收集和分析客户数据，制定个性化营销策略，提高客户的满意度与忠诚度。课程还将介绍最新的 CRM 技术与工具，帮助学生掌握如何在实际工作中有效地实施客户关系管理策略。

数字渠道的广泛应用为客户反馈的收集与分析提供了新的途径。课程将介绍多种数字渠道，如社交媒体、在线调查、电子邮件等，如何通过这些渠道高效地收集客户反馈信息。随后，课程将详细讲解反馈数据的分析方法，包括定量与定性分析技术。学生将学习如何从大量反馈中提取有价值的信息，指导企业改善产品和服务，从而提升客户满意度。

评估客户满意度是衡量数字贸易服务质量的重要标准。课程将介绍一系列客户满意度评估指标，如净推荐值（NPS）、客户满意度指数（CSI）等，以及如何在实践中应用这些指标。学生将学习如何通过对评估结果的分析，发现服务中的不足，并制定相应的改进措施。课程还将探讨客户满意度与企业绩效的关系，帮助学生理解其在企业战略中的重要性。

技术支持与自动化工具在数字贸易客户服务中发挥着重要作用。课程将介绍多种技术支持手段，如在线客服系统、聊天机器人、智能客服平台等，如何利用这些工具提高服务效率。学生将学习自动化工具的选择与应用策略，理解其在优化客户服务流程中的作用。此外，课程还将探讨技术支持在提高客户满意度和降低服务成本方面的潜力，帮助学生掌握在数字贸易环境中应用技术支持的能力。

（三）数字贸易营销内容的设置

数字贸易营销课程的设计需要紧密结合当前市场需求，涵盖从基础理论到实践应用的各个方面。课程内容应包括数字营销的基本概念、策略制定、实施流程及效果评估等。通过系统的课程设置，学生能够掌握数字贸易的核心技能，理解市场变化，适应数字经济的发展趋势。此外，课程还应引入前沿技术和工具的应用，如大数据分析、人工智能等，以提升学生的实战能力和创新思维。

数字贸易营销涉及利用互联网及数字技术进行产品和服务的推广与销售。

其基本概念包括线上渠道运营、用户行为分析、数字广告等，这些都构成了现代营销的基础。理解这些概念对于数字贸易人才的培养至关重要，因为它们不仅影响企业的市场竞争力，也决定了个人在数字经济中的职业发展潜力。数字贸易营销的重要性还体现在其对传统营销模式的颠覆性影响上，通过精准定位和个性化服务，企业能够更有效地满足消费者的需求，实现资源的最优配置。

数字营销渠道的多样性为企业提供了丰富的市场触达方式，主要包括社交媒体、搜索引擎、电子邮件营销、移动应用等。每种渠道都有其独特的特点和优势。社交媒体以其广泛的用户基础和互动性为企业品牌传播提供了良好的平台；搜索引擎营销通过关键词优化提高了企业的在线可见度；电子邮件营销则以其精准的客户群体和高效的传递方式成为客户关系管理的重要工具。对这些渠道的深入分析与理解是数字贸易课程的重要内容，以帮助学生掌握多元化的营销策略。

内容营销是数字贸易中的关键策略，通过创造和分发有价值的内容，企业能够吸引并保留明确的受众群体，从而推动客户行为的积极变化。在课程中，内容营销策略的实施应涵盖从内容的策划、制作到发布和推广的全过程。学生需要学习如何通过优质内容提高品牌知名度，增强客户的黏性，并最终实现销售转化。案例分析是课程中的重要环节，通过实际案例的剖析，学生能够更好地理解内容营销的实效性和创新性。

数据分析在数字贸易营销中扮演着至关重要的角色，它为营销决策提供了科学依据。通过对用户数据、市场趋势和竞争环境的分析，企业能够制定更精准的营销策略。在课程中，数据分析工具和技术的应用是重点教学内容，学生需要掌握如何使用数据挖掘、统计分析等手段进行市场调研和效果评估。通过数据分析，学生能够提高对市场动态的敏感度，增强在数字化环境中的竞争力。

评估数字贸易营销的效果是检验营销策略成功与否的重要环节。常见的评估指标包括流量转化率、客户获取成本、投资回报率等。在课程中，学生需要学习如何制定科学的评估指标体系，并运用适当的方法进行效果分析。通过对评估结果的解读，学生能够发现营销策略中的不足，并进行及时调整和优化。有效的效果评估不仅有助于提高企业的营销效率，也为学生在实际工作中提供了重要的参考依据。

三、数字贸易课程内容的跨学科整合

（一）经济学与数字贸易结合

经济学基本原理在数字贸易中的应用，尤其是供需关系和市场机制，对数字产品定价具有深远的影响。在传统贸易中，供需关系决定商品的市场价格，而在数字贸易中，虽然产品的边际成本趋近于零，但供需关系仍然是影响数字产品定价的核心因素。市场机制在数字贸易中同样发挥作用，数字产品的价格不仅取决于供需，还受到网络效应和平台经济的影响。这些经济学原理能帮助学生理解数字贸易市场的动态变化，培养他们分析复杂市场环境的能力。

数字贸易正在深刻改变全球经济结构，传统贸易模式和市场分布正在被重新定义。数字贸易不再局限于物理商品的跨境流动，而是更多地涉及数据、服务和知识的交换。这种变化使全球贸易的重心从货物贸易逐渐转向服务贸易，市场分布也从集中化向分散化发展。通过对数字贸易对全球经济结构影响的学习，学生能够认识到数字贸易如何打破地域的限制，促进全球市场的一体化。这不仅有助于学生理解全球经济的演变，还能为他们提供应对未来贸易挑战的战略思维。

数字贸易中的成本效益分析是学生必须掌握的关键技能。数字贸易的运营效率和交易成本直接影响企业的竞争力。在数字环境下，企业需要不断地优化其运营流程，以降低交易成本，提高市场响应速度。通过对成本效益的分析，学生可以学会如何评估数字贸易项目的可行性，进而制定有效的商业策略。这样的分析能力对于企业在激烈的市场竞争中保持优势至关重要。

经济学视角下的数字贸易政策分析是课程内容的重要组成部分。政府政策在数字贸易的发展中扮演着重要的角色，政策的制定和实施直接影响市场的开放程度和竞争环境。通过研究政府如何通过政策促进或抑制数字贸易的发展，学生能够理解政策对市场的深远影响。这不仅有助于他们在未来的职业生涯中更好地应对政策变化，还能培养他们的批判性思维，促使他们从不同角度审视数字贸易的政策环境。这种分析能力对于推动数字贸易的健康发展具有重要意义。

（二）管理学与数字贸易融合

管理学为数字贸易提供了战略规划、组织设计、流程优化等理论工具，这些工具对于企业在数字贸易领域的成功至关重要。通过跨学科的课程设计，学生可以学习如何将管理学的基本原理应用到数字贸易中，从而更好地理解市场动态、制定有效的商业策略，并在快速变化的数字经济中保持竞争力。这种融合不仅提高了学生的综合素质，也为企业在数字贸易中的创新提供了人才支持。

管理学视角下的数字贸易战略规划是企业在数字经济中保持竞争优势的核心。通过管理学的战略管理理论，企业可以制定出符合市场需求和自身资源优势的数字贸易战略。这包括对市场环境的分析、竞争对手的研究以及自身能力的评估。在此基础上，企业可以明确其在数字贸易中的定位和发展方向。有效的管理策略可以帮助企业在数字贸易中识别机会、规避风险，并通过创新和差异化战略提升市场竞争力。应重点培养学生的战略思维能力，使其能够在未来的职业生涯中为企业制定和实施有效的数字贸易战略。

数字贸易中的供应链管理是提高效率与降低成本的关键环节。管理学中的供应链管理理论为数字贸易提供了优化流程的框架，通过分析和设计供应链网络，企业可以实现资源的高效配置和快速响应市场需求。课程中应强调如何利用信息技术整合供应链，提高透明度和协同效率，从而降低运营成本。此外，学生还要掌握风险管理技术，以应对数字贸易中供应链的不确定性和复杂性。通过这些学习，学生将能够帮助企业在数字贸易中建立灵活和高效的供应链体系。

客户关系管理在数字贸易中的应用是增强客户满意度与忠诚度的重要手段。管理学中的 CRM 理论强调通过数据分析和客户互动来提升客户体验。在数字贸易环境中，企业可以利用大数据和人工智能技术深入了解客户的需求和行为，从而提供个性化的产品和服务。课程应注重培养学生的分析能力和沟通技巧，使其能够设计和实施有效的客户关系管理策略，促进企业与客户之间的长期合作关系。这不仅有助于企业提升市场份额，也为学生提供了在数字贸易领域发展的核心竞争力。

数字贸易项目管理的关键要素是确保项目成功实施与交付的基础。管理学中的项目管理工具和技术，如甘特图、关键路径法和敏捷管理，为数字贸易项目提供了科学的规划和控制手段。课程中应强调如何识别和管理项目风险、分配资源以及协调团队合作。学生需要掌握项目生命周期的各个阶段，从项目立项到收尾，确保项目按时、按质、按预算完成。这些技能对于在数字贸易中领导和管理复杂项目至关重要，能够有效地提升学生的就业竞争力和职业发展潜力。

四、数字贸易课程内容的更新与优化

（一）行业前沿的及时融入

在数字贸易领域，行业前沿的及时融入不仅能够提升课程的实用性，还能确保学生掌握最新的行业动态和技术。定期更新课程内容是关键，通过引入区块链和人工智能等最新技术与工具，课程能够保持与行业发展的同步性。这不仅有助于学生理解当前的技术趋势，还能提高他们在实际工作环境中的竞争力。此外，课程的更新需要与行业需求紧密结合，确保所传授的知识和技能能够直接应用于实践中。

因此，组织定期的行业研讨会是一个有效的方法。通过邀请行业专家分享他们在数字贸易领域的最新研究成果与市场动态，学生能够获得第一手的信息和见解。这不仅是知识获取的渠道，也是学生与行业专家直接交流的宝贵机会，有助于他们拓宽视野并建立相关的人脉网络。同时，行业专家的参与也为课程内容的更新提供了专业的参考和指导，确保课程能够紧跟市场的实际需求。

建立课程反馈机制同样至关重要。通过及时收集行业专家与企业的建议，课程设置可以灵活调整以适应市场变化。这种反馈机制能够帮助教育机构了解课程在实际应用中的效果，并根据反馈进行必要的调整和优化。这样，不仅能提高课程的质量和实用性，还能增强学生的学习体验和就业竞争力。反馈机制的建立需要一个系统化的流程，以确保信息的有效收集和利用。

开发与行业合作的在线学习平台为学生提供了获取最新数字贸易知识与技能的机会。这些平台可以整合多种学习资源，包括视频讲座、在线讨论和案例分析等，帮助学生在课外时间继续学习和提升技能。通过与行业合作，这些平台能够提供更有针对性的学习内容，确保学生所学的知识能够直接应用于实际工作中。此外，这些在线平台还可以支持学生个性化学习，满足他们不同的学习需求和节奏。

综上所述，数字贸易课程内容的更新与优化需要多方面的努力。通过行业前沿的及时融入、定期的行业研讨会、有效的课程反馈机制以及与行业合作的在线学习平台，教育机构能够提供更优质和实用的课程内容。这不仅有助于学生的全面发展，也为数字贸易行业培养出了更合格和具有竞争力的人才。

（二）课程内容更新计划制订

在高速发展的数字贸易领域，建立行业动态监测机制显得尤为重要。通过定期评估技术创新与市场变化，教育机构可以及时调整课程内容，以反映行业的最新发展。这不仅有助于学生掌握前沿技术，还能提升他们在就业市场中的竞争力。监测机制的有效性依赖对行业趋势的敏锐洞察，确保课程内容始终处于技术革新的前沿。

为了维持课程内容的专业性与前瞻性，设立课程更新委员会是必要的。该委员会应由行业专家与学术人员共同组成，结合实践经验与理论知识，确保课程内容的科学性与实用性。行业专家的参与可以为课程提供实际应用的视角，而学术人员则可以确保课程内容的系统性与深度。这种多方参与的模式，有助于在课程更新中平衡学术严谨与市场需求，推动课程内容的持续优化。

引入学生反馈机制是课程内容更新计划中的关键一环。学生作为课程的直接受益者，他们的反馈能够真实反映课程设置的有效性与不足。鼓励学生对课程内容提出建议，不仅能提高其学习参与度，也能确保课程设置更符合学习者的需求与期望。通过这种互动，课程内容能够更好地适应学生的学习节奏与兴趣，从而增强教学效果和学习体验。

定期举办课程评估与反馈会议是确保课程内容实用性与市场适应性的重要手段。在这些会议中，企业代表与行业专家的参与能够提供宝贵的市场洞察与实践经验。这种多方沟通与合作，不仅能帮助教育机构更好地理解市场需求，还能促使课程内容的调整更具有针对性与实效性。通过持续的评估与反馈，课程内容能够不断地优化，确保其在快速变化的数字贸易领域中保持领先地位。

（三）基于行业反馈的课程内容优化

定期根据行业反馈调整课程内容，可以有效地涵盖最新的数字贸易技术与市场需求，从而提高课程的实用性。这种动态调整机制不仅有助于学生掌握前沿知识，还能提升他们在就业市场上的竞争力。

建立行业专家定期评估机制是课程内容优化的重要手段。邀请行业从业者对课程内容进行审查和反馈，可以确保课程始终与行业标准保持一致。这种评估机制不仅为课程内容的更新提供了权威意见，还能帮助教育机构识别课程中的不足，进而进行有针对性的改进。通过这种方式，课程内容能更好地反映行业的真实需求，为学生提供更有价值的学习体验。

学生反馈也是课程内容优化过程中不可或缺的一部分。设立学生反馈渠道，鼓励学生对课程内容提出意见和建议，可以提升课程的适应性和吸引力。学生作为课程的直接受益者，他们的反馈往往能够揭示课程在实际教学中的效果。通过分析学生反馈，教育机构可以更精准地调整课程内容，以满足学生的学习需求和期望。

行业调研是获取数字贸易人才需求信息的重要途径。通过行业调研收集数据，分析企业对数字贸易人才的具体技能需求，可以为课程设置提供重要参考。及时更新课程设置，以满足行业对人才的具体技能需求，不仅能提高学生的就业率，还能增强教育机构的市场竞争力。这种基于数据的课程优化方法，有助于培养出更符合行业期望的人才。

与企业的联合项目为课程内容优化提供了实践基础。通过开展与企业的联合项目，教育机构可以利用实际项目经验反馈课程内容，确保教学内容与行业实践紧密结合。这种实践导向的教学方式，不仅能增强学生的实际操作能力，还能帮助他们更好地理解理论知识在实际中的应用。通过这种方式，课程内容能够更加贴合实际需求，为学生提供更全面的学习体验。

第三节　课程实施策略

一、课程实施的教学方法与手段

（一）案例教学法

通过真实案例的分析与讨论，学生可以更深入地理解数字贸易的实际运作模式和挑战。这种教学方法不仅提升了学生的分析能力，还能够激发他们的创新思维。在案例教学中，选取的案例须具备代表性和多样性，涵盖不同的行业和市场背景，以帮助学生全面了解数字贸易的复杂性。此外，教师在实施案例教学时，应注重引导学生从不同视角分析问题，培养他们的批判性思维和决策能力。案例教学法的有效实施，还需结合现代信息技术手段，如虚拟现实和模拟软件，以提供更逼真的学习体验。通过这些技术手段，学生能够在虚拟环境中进行实操练习，加强对理论知识的理解和应用能力。案例教学法的成功实施，不仅依赖教师的指导，还需要学生的积极参与和反思，这样才能真正实现产教融合的教育目标。

（二）翻转课堂教学

翻转课堂教学模式是一种创新的教学方法，强调学生在课前自主学习，通过在线资源和教材掌握基础知识。这种模式的核心在于将传统课堂的知识传授环节移至课外，学生通过数字化平台进行预习，课堂时间则用于深入讨论和实践活动。这一转变不仅提高了课堂教学的有效性，还使学生能够在课前根据自己的节奏和理解能力进行学习，充分利用数字化学习资源，奠定了坚实的知识基础。翻转课堂的实施需要教师精心设计课前学习材料，并通过多样化的在线工具支持学生的自主学习。

在翻转课堂的实施过程中，教师可以更好地关注学生的个体差异，针对不同学习进度的学生提供个性化的指导和支持。通过对课前学习情况的分析，教师能够识别出学生在学习过程中的困难和需求，从而在课堂上进行有针对性的辅导。这种个性化的教学策略不仅提高了学生的学习效率，还帮助他们在数字贸易领域的学习中获得了更好的体验。此外，教师可以利用课堂时间进行互动性强的教学活动，如小组讨论、案例分析和项目实践，从而帮助学生在实践中加深对理论知识的理解。

翻转课堂教学鼓励学生在课堂上进行合作学习，促进团队合作和沟通能力的提升。这种教学模式通过小组活动和集体讨论，培养学生的团队协作精神和解决问题的能力，适应数字贸易领域的多样化需求。学生在合作学习中不仅可以相互学习和启发，还能在团队中承担不同的角色，锻炼自己的领导能力和组织能力。对于未来在数字贸易行业中工作的人才，这些能力尤为重要，因为该领域的工作环境往往需要跨文化、跨专业的合作。

在翻转课堂中，教师的角色从传统的知识传授者转变为引导者和促进者，帮助学生在实际操作中应用理论知识。教师需要设计具有挑战性的课堂活动，引导学生将课前学习的理论知识应用到实际问题的解决中。这种角色的转变要求教师具备较强的教学设计能力和课堂管理能力，以确保课堂活动的有效性和学生参与的积极性。通过引导学生进行自主探究和合作学习，教师能够帮助学生提升解决问题的能力，使其在数字贸易领域的竞争中更具有优势。

翻转课堂教学能够有效地提高学生的学习兴趣和主动性，激发他们对数字贸易相关知识的探索欲望。通过这种教学模式，学生不再是被动的知识接受者，而是积极的学习参与者。翻转课堂为学生提供了一个自主探索和创新的空间，鼓励他们在学习过程中提出问题和解决问题，从而增强学习效果。特别是在数字贸易领域，快速变化的行业环境要求学生具备持续学习和适应变化的能力，而翻转课堂正是培养这种能力的有效途径。通过翻转课堂的实施，学生不仅掌握了专业知识，还培养了自主学习和终身学习的能力。

（三）自主学习

自主学习强调学生在知识获取过程中发挥主动性，特别是在数字贸易这样一个需要不断更新知识和技能的领域，学生的自主学习能力显得尤为关键。通过自主学习，学生能够更好地适应知识更新的速度，主动探索新兴的数字贸易工具和技术，从而在学术和职业生涯中获得长足的进步。

自主学习策略的多样性为学生提供了丰富的选择，以增强学习效果。学生可以通过在线资源进行自主学习，充分利用互联网的开放性和资源的多样性。同时，学习社区的参与为学生提供了交流和分享的平台，促进知识的共建和共享。此外，自我评估工具的使用能够帮助学生及时了解自身的学习进度和效果，从而进行有针对性的调整。这些策略的结合，不仅提升了学生学习的有效性，还增强了学生的学习体验。

在自主学习过程中，自我管理技能的培养至关重要。学生需要掌握时间管理和目标设定的能力，以实现高效学习。通过科学合理的时间安排，学生能够在有限的时间内完成更多的学习任务。同时，明确的学习目标使学生在学习过程中更有方向感和动力。自我管理技能的提升，不仅促进了学生在数字贸易课程中的学习效果，也为其未来的职业发展奠定了坚实的基础。

自主学习在数字贸易课程中的实践应用，是通过设计个人学习计划和项目来实现的。这种方法增强了学习的针对性和实用性，使学生能够根据自身的兴趣和职业需求进行学习。在设计个人学习计划时，学生可以结合课程目标和个人兴趣，制定合理的学习路径和项目。这种个性化的学习方式，不仅提高了学生的学习积极性，还增强了其解决实际问题的能力。

自主学习对学生职业发展的影响是深远的。在快速变化的数字贸易环境中，学生需要不断地更新知识和技能，以保持竞争力和适应性。自主学习培养了学生的独立思考和解决问题的能力，使其能够在职业生涯中更好地应对挑战。此外，自主学习的习惯和能力，使学生在进入职场后能够迅速适应新环境，积极应对各种变化和挑战，成为数字贸易领域的佼佼者。

二、课程的资源配置与支持

（一）教学设施配置

在数字贸易人才培养中，为了增强学生的参与感与学习效果，配置先进的多媒体教室。这些多媒体教室不仅支持互动教学，还能够为在线学习提供技术保障，使学生在课堂内外都能充分利用资源进行学习。通过多媒体技术，教学内容可以以更生动、更直观的方式呈现，学生的学习体验得以大大提升。这种现代化的教学设施配置，旨在打造一个互动性强且富有吸引力的学习环境，从而激发学生的学习兴趣和积极性。

建立虚拟实验室是教学设施配置中的重要举措。虚拟实验室提供了一个模拟数字贸易操作的实践环境，学生可以在其中进行各种模拟操作，帮助他们掌握实际技能。这种虚拟环境不仅可以弥补传统教学中实践机会不足的缺陷，还能通过模拟真实的贸易情景，使学生在校期间就能积累宝贵的实践经验。此外，虚拟实验室还能够灵活地更新和调整，以适应数字贸易领域的快速变化，为学生提供最新的行业实践技能训练。

引入专业软件与工具是提升学生实用技能的关键。数字贸易领域涉及大量的数据分析与市场研究，因此，在课程中引入专业软件，如数据分析工具和市场研究平台，能够让学生在学习过程中接触行业标准的工作流程和方法。这不仅提高了学生的实操能力，还培养了他们的数据思维和市场洞察力。通过在教学中使用这些专业工具，学生可以更好地理解数字贸易的实际操作过程，增强其在未来职场中的竞争力。

建设校企合作平台是实现教学设施资源共享的重要措施。通过校企合作，企业资源可以与教学设施相结合，为学生提供更实际和有针对性的学习体验。这样的合作模式不仅提升了课程的实用性和针对性，还为学生创造了更多与行业接触的机会，使他们能够在学习期间就能了解企业的实际运作方式。通过共享企业资源，学生可以更早地适应行业需求，缩短从学校到职场的过渡时间，为其职业发展奠定坚实的基础。

（二）企业资源引入与利用

通过建立企业实习基地，学生能够在真实的工作环境中进行实践，从而增强其实践能力和行业适应性。实习基地不仅是学生理论知识应用的场所，也是他们了解行业运作的窗口。通过在企业中实践，学生可以接触最新的行业动态和技术应用，这种体验式学习能够有效地缩短学校教育与行业需求之间的差距。此外，实习基地的建立还可以为学生提供一个平台，使他们在毕业后能够更快地融入职场，提升就业竞争力。

引入企业导师制度是促进学生专业发展的另一个重要措施。企业导师不仅能为学生提供专业指导，还能帮助他们理解行业动态与职业发展路径。通过与行业专家的直接交流，学生能够获得第一手的行业资讯和职业建议，这对他们的职业规划和发展具有重要意义。企业导师的经验分享能够帮助学生更好地认识自身的优势与不足，并在职业选择中作出更明智的决定。这种校企合作的模式，不仅提高了课程的实践性和针对性，也为学生提供了一个全面发展的机会。

利用企业资源进行课程内容的共同开发，是确保课程设置符合行业需求与市场标准的有效途径。企业参与课程开发能够确保教学内容的前沿性和实用性，使学生在校期间就能接触行业最新技术和理念。通过这种合作，课程内容不仅能够紧跟行业变化，还能为学生提供更具实战意义的学习体验。这种合作开发的模式，不仅丰富了课程内容，也提高了教学质量，使课程能够更好地服务于行业和市场的实际需求。

组织企业参与的项目实践是培养学生团队合作与解决问题能力的重要方式。在真实的项目中，学生能够锻炼其团队协作能力，学会如何在团队中发挥自身优势，并有效地解决实际问题。通过企业项目的参与，学生不仅可以将所学知识应用于实践，还能在项目执行过程中积累经验，提升自身的综合素质。这种实践教学模式，能够帮助学生建立起理论与实践之间的联系，使其在未来的职业生涯中更加游刃有余。

定期邀请企业代表举办讲座与分享，是拓宽学生视野、增强其对行业认知与理解的有效方法。通过企业代表的讲座，学生能够了解行业的最新趋势和发展方向，进而对自身的学习和职业规划有更加清晰的认识。企业代表的分享，不仅能够激发学生的学习兴趣，还能帮助他们建立起对行业的全面认识。这种交流与互动的方式，能够有效地促进学生的成长，使其在未来的职业道路上具备更广阔的视野和更强的竞争力。

（三）资金投入与保障

在数字贸易人才培养的过程中，设立专项资金支持数字贸易课程的研发与实施，不仅能够保证课程内容与行业需求紧密结合，还能推动课程的持续更新与优化。通过专项资金的设立，教育机构可以更好地引进先进的教学资源和技术设备，提高课程的教学质量和效率。与此同时，专项资金的使用还需具备透明度和规范性，以确保资金能够真正用于课程的研发和实施，避免资源的浪费和不当使用。

建立校企合作基金是提升课程实用性与针对性的有效途径。通过鼓励企业参与课程开发与实践项目，教育机构可以获取最新的行业信息和实践经验，从而使课程内容更加贴合市场需求。这种合作不仅有助于学生在学习过程中获得更真实的行业体验，还能提升学生的就业竞争力。此外，企业的参与也为课程的持续改进提供了重要的反馈渠道，有助于课程内容的不断完善和创新。

引入政府及教育部门的资助政策，为数字贸易人才培养提供资金保障，是优化教育资源配置的重要手段。政府和教育部门的资助政策可以降低教育机构在课程开发和实施中的资金压力，促进课程的普及和推广。这种资助不仅能够支持教育机构进行课程创新和改革，还能推动数字贸易领域的研究与发展，为行业输送更多高素质的人才。政府和教育部门的支持也体现了对数字贸易人才培养的重视，有助于提升社会各界对该领域人才培养的关注度。

设立奖学金和助学金，激励优秀学生参与数字贸易相关课程与实践，是提高学生学习积极性与参与度的重要措施。奖学金和助学金的设立，不仅能够减轻学生的经济负担，还能激励学生在学业上追求卓越，参与更多的实践活动。这种激励机制有助于培养学生的创新意识和实践能力，为未来的职业发展奠定坚实的基础。同时，奖学金和助学金的评选标准也需透明和公正，以确保其在激励学生方面发挥应有的作用。

推动行业协会与教育机构的合作，共同筹集资金，支持数字贸易领域的研究与人才培养项目，是实现产教融合的重要途径。行业协会的参与可以为教育机构提供行业的最新动态和发展趋势，帮助课程内容的设计更加贴合实际需求。

通过共同筹集资金，行业协会和教育机构可以更好地开展研究项目和人才培养计划，为数字贸易领域培养出更多具有实际操作能力和创新精神的人才。这种合作模式也为行业协会和教育机构的长期合作奠定了基础，促进了双方资源的共享和互补。

三、课程实施时间安排与进度控制

（一）课程时间规划

合理的时间安排不仅能提高教学效率，还能确保学生在学期内充分掌握所学知识。课程时间安排应与学期进度相结合，合理规划每个模块的授课时间和实践环节。通过这种方式，教师可以保证各个教学模块之间的连贯性和逻辑性，避免学生在学习过程中产生困惑或知识断层。为了确保教学效果，设定阶段性评估时间显得尤为重要。通过这些评估，教师能够及时反馈学生的学习进度和理解程度，从而在必要时调整后续课程内容与节奏。这种灵活的教学策略不仅有助于教师掌握学生的学习动态，也为学生提供了更有针对性的学习指导。

在课程实施中，企业实习的时间安排同样需要与课程进度相协调。通过在理论学习之后及时安排实习，学生能够将课堂上学到的理论知识应用于实际工作中，增强其对知识的理解和掌握。此外，实习安排的合理性也直接影响学生的实践能力和职业素养的提升。因此，教师和企业需要密切合作，确保学生在学习和实习之间获得最佳的平衡。同时，制定课程的课外活动时间表，包括行业讲座、研讨会和工作坊，可以丰富学生的学习体验。这些活动不仅能拓宽学生的视野，还能帮助他们更好地理解行业动态和发展趋势，增强其在数字贸易领域的竞争力。

为了应对快速变化的行业需求和学生的多样化反馈，建立课程时间调整机制显得尤为必要。通过这一机制，课程安排可以根据实际需求进行灵活调整，确保教学的适应性和前瞻性。这样的机制不仅能够提高课程的灵活性，还能增强课程对外部环境变化的响应能力。通过不断调整和优化课程时间安排，教师可以更好地支持学生的发展，帮助他们在数字贸易领域中脱颖而出。综上所述，合理的课程时间规划和灵活的调整机制是实现产教融合赋能数字贸易人才培养目标的关键所在。

（二）教学进度安排

教学进度安排需要结合课程目标与学生的学习能力进行全面规划。明确各模块的教学目标与内容，确保每个阶段都有清晰的学习成果预期，是课程实施的基础。通过设定明确的教学目标，学生能够在学习过程中有的放矢，从而提高学习效率。此外，课程内容的合理设计也有助于学生在不同的学习阶段获得相应的知识和技能积累，为后续的学习打下坚实的基础。

制定详细的课程进度表对于教学的有序进行至关重要。合理安排每周的授课与实践时间，使学生能够掌握学习节奏，避免因课程安排不当而导致的学习压力过大或学习效率低下。进度表不仅要考虑课程的理论教学，还应融入实践环节，以便学生在理论与实践结合中获得全面的学习体验。通过科学的时间分配，学生能够在课堂学习与课外实践中找到平衡，进而增强整体学习效果。

设定定期的课程反馈与评估环节，是保证教学质量的重要手段。通过反馈机制，教师能够及时了解学生的学习状况，并根据反馈调整教学内容和方法，以适应学生的学习需求。这一过程不仅有助于教师优化教学策略，也能激发学生的学习积极性，促使其在学习中不断地进步。评估环节的设置同样重要，它能帮助学生自我反思，从而在学习过程中不断地改进。

跨学科的联合项目时间安排是数字贸易课程的一大特色。通过跨学科项目，不同专业的学生能够在实际操作中有效合作与交流，培养团队协作能力和跨领域解决问题的能力。这种项目安排不仅丰富了课程内容，还为学生提供了一个将理论应用于实践的平台，促进其综合能力的提升。在项目实施过程中，教师应指导学生进行有效的沟通与合作，以确保项目的顺利完成。

建立灵活的时间调整机制，是应对课程实施中不可预见因素的重要策略。根据企业实习和行业活动的安排，适时调整课程进度，以保持教学的连贯性和实效性。灵活的时间安排能够使课程更具有适应性，满足不同学生的学习需求，同时，也为学生提供了更多的实践机会。通过这种机制，课程能够更好地与行业发展接轨，为学生的职业发展提供有力的支持。

（三）进度监控与调整

在数字贸易人才培养课程的实施过程中，建立定期的教学进度检查机制。

通过这一机制，可以有效确保课程的各个模块按照既定计划实施，并且能够及时发现和解决潜在的问题。这种机制不仅有助于课程的顺利进行，还能够提高课程的整体质量，确保学生能够在预定的时间框架内达到学习目标。

为了进一步优化课程实施效果，设置反馈渠道是必要的。通过鼓励学生和教师对课程进度提出意见，课程设计者和实施者可以更灵活地调整教学内容。这种反馈机制不仅能够提升学生的学习体验，也为教师提供了宝贵的教学改进建议。通过收集和分析来自不同参与者的反馈，课程能够更好地适应不断变化的教育需求和市场趋势，从而增强整体教学效果。

在现代教育技术的支持下，利用数据分析工具来监测学生的学习进度和表现已成为可能。这些工具能够提供详尽的数据分析报告，帮助教师及时调整教学策略，以适应不同学生的学习节奏。这种数据驱动的教学方法，不仅能够提高教学的针对性和有效性，还能为个性化教学提供坚实的数据支持，促进学生的全面发展。

定期召开课程实施评估会议，是确保课程实施质量的重要措施。通过邀请教师和行业专家共同参与，能够对课程进度和质量进行全面的讨论和评估。这种多方参与的评估机制，不仅能够确保教学目标的实现，还能为课程的持续改进提供建设性的意见和建议。通过这种方式，课程能够更好地满足行业需求，培养出高素质的数字贸易人才。

面对可能出现的课程延误或学生学习困难，制订应急预案是不可或缺的。这些预案能够为快速调整教学安排和资源配置提供指导，确保课程实施的连续性和稳定性。通过提前规划和准备，课程实施团队能够更从容地应对各种突发情况，保障学生的学习进度和效果不受影响。这种灵活应对的能力，是课程成功实施的重要保障。

四、课程实施中的师生互动机制

（一）开放式沟通渠道的建立

通过定期的师生交流会议，教师可以确保学生能够及时反馈他们的学习体验与建议。这种机制不仅有助于课程内容的优化与调整，还能促进师生之间的相互理解与信任。交流会议为学生提供了一个表达自我、提出问题的平台，使教师能够更好地把握学生的需求和期望，进而对教学方法进行相应的调整。通过这种双向互动，课程的实施能够更加贴近学生的实际需求，增强教学效果。

设立在线讨论平台是一种促进师生互动的有效方式。在线平台为学生提供了一个课外互动的空间，鼓励他们分享学习资源与见解。这种方式不仅增强了学生的学习主动性，还促进了合作学习氛围的形成。学生可以通过平台交流彼此的学习心得，提出疑问并获得同伴的帮助，进而形成一个互助共进的学习社区。对于教师而言，在线讨论平台也是一个观察学生学习动态的窗口，可以及时获取学生的学习状态和反馈，以便进行更有针对性的指导。

开发匿名反馈机制是为了让学生能够自由表达对课程和教学方法的看法。匿名性确保了学生在表达意见时不会有顾虑，从而能够真实地反映他们的想法和困惑。通过收集这些反馈，教师可以更全面地了解学生在学习过程中遇到的困难和挑战，从而进行相应的调整和改进。这种机制不仅有利于教学质量的提高，还能增强学生的参与感和责任感，使他们更加投入学习过程。

组织师生联合工作坊是促进知识共享与经验交流的有效途径。在工作坊中，教师和学生可以共同探讨数字贸易领域的最新发展和实践问题。通过这种互动，学生不仅能够从教师的经验中获益，还能在实践中应用所学知识，提升自己的实践能力。对于教师而言，与学生的交流也能带来新的教学灵感和思路，使课程内容更加丰富和具有针对性。工作坊的形式多样，可以是专题讲座、小组讨论或项目合作，旨在通过多样化的互动方式提升课程的实践性。

引入导师制度为每位学生指定一名教师导师，是增强师生之间联系与互动的有效策略。导师制度通过个性化的指导与支持，帮助学生在学习过程中找到方向和动力。导师不仅在学术上给予指导，还能在职业规划和个人发展方面提供建议和帮助。通过这种一对一的互动，学生能够获得更贴心的学习体验，而教师也能更深入地了解学生的需求和潜力，从而更好地支持他们的成长和发展。导师制度的实施有助于建立长期的师生关系，增强课程的整体效果。

（二）个性化学习指导与反馈机制

通过建立个性化学习档案，教师可以详细记录每位学生的学习进度、兴趣和需求。这种档案不仅有助于教师了解学生的个体差异，还能为其提供有针对性的指导和支持。个性化学习档案的建立是实现差异化教学的基础，它能够帮助教师在教学过程中更好地关注每位学生的独特需求，从而提高教学的有效性。此外，个性化学习档案的使用还可以促进学生的自我认知，使其在学习过程中能够明确自身的优势与不足，从而更有针对性地进行自我提升。

实施定期的个别辅导会议是个性化学习指导的重要组成部分。这种"一对一"的反馈机制不仅能够帮助学生识别学习中的困难，还能帮助他们制订切实可行的改进计划。在辅导过程中，教师能够根据学生的具体情况提供个性化的建议和指导，帮助学生克服学习中的障碍。这种个别辅导会议的实施，不仅能够提高学生的学习效率，还能增强学生的学习自信心。通过与教师的深入交流，学生可以更好地理解学习内容，并在教师的指导下制订出符合自身实际的学习计划，从而实现更高效的学习。

开发自适应学习系统是个性化学习指导的重要措施。这种系统能够根据学生的学习表现和反馈动态调整学习内容和难度，以满足不同学生的学习节奏。自适应学习系统的应用，使得教学内容不再是"一刀切"，而是能够根据学生的个体差异进行灵活调整。这种灵活性不仅提高了学生的学习积极性，还增强了他们的学习效果。在数字贸易人才培养中，自适应学习系统的应用能够更好地满足学生的个性化学习需求，使其在学习过程中能够获得更丰富的学习体验。

鼓励学生制定个人学习目标，并定期评估其达成情况，是促进学生自我反思和成长的重要方式。通过目标导向的反馈机制，学生能够明确自己的学习方向，并在学习过程中不断地调整自己的学习策略。这种目标导向的学习方式，不仅能够提高学生的学习效率，还能增强他们的自我管理能力。在数字贸易人才培养中，鼓励学生制定个人学习目标，不仅能够激发学生的学习动力，还能帮助他们在学习过程中不断反思和总结，从而实现更全面的发展。

利用在线平台进行实时反馈，是增强师生之间互动与沟通的重要手段。在线平台的应用，使教师能够及时解答学生在学习过程中的疑问，从而提高学习的及时性和有效性。这种实时反馈机制，不仅能够增强师生之间的互动，还能促进学生的学习积极性。在数字贸易人才培养中，在线平台的应用能够更好地满足学生的即时学习需求，使其在学习过程中能够获得及时的指导和支持，从而实现更为高效的学习。

（三）协作型学习小组的组织与实施

通过精心设计的小组活动，学生不仅能够在实践中深化所学知识，还可以培养团队合作能力和问题解决能力。小组的构建应根据学生的专业背景与兴趣进行分组，以确保多样性和互补性，从而促进不同视角的交流与合作。这样的分组策略有助于学生在多元化的环境中学习，提升其适应不同文化和商业背景的能力。同时，合理的分组可以激发学生的学习动力，使他们在小组中找到归属感，并积极参与学习活动。

为了确保协作型学习小组的有效运作，明确小组目标和任务分配是关键。每位成员在项目中应承担特定角色，这不仅增强了学生的责任感，还提升了他们的参与度。通过清晰的任务分配，学生能够更好地理解自己的职责，并在小组合作中发挥自身的优势。这样的安排不仅有助于学生在项目中发挥创造力，还能培养他们的领导能力和组织能力。在小组合作中，成员之间的相互支持和协作是成功的关键，这也为未来职业生涯中的团队合作奠定了基础。

定期组织小组会议是提高团队合作效率的有效手段。通过这些会议，成员可以分享各自的进展，讨论遇到的问题，并进行集体反思。这样的互动不仅有助于及时解决问题，还能通过集体智慧找到更优的解决方案。小组会议也是成员间沟通的桥梁，使每个人都能及时了解项目的整体进展，调整自己的工作计划。通过这种方式，学生能够在实践中体验到真实的工作环境，培养其在团队中高效沟通和协作的能力。

在现代教育中，在线协作工具的使用为小组学习提供了更大的灵活性和便利性。这些工具支持小组成员在课外进行实时沟通与资料共享，使学习不再局限于课堂内。学生可以通过这些工具随时随地进行讨论和合作，从而提高学习的灵活性。此外，在线协作工具还可以记录小组的沟通过程和成果，为后续的反思和改进提供依据。这样的技术支持不仅提升了学生的数字化技能，也为他们适应未来的数字化工作环境做好了准备。

通过小组项目的最终汇报与展示，促进成员之间的相互学习与评价。这一过程不仅是对学习成果的检验，也是学生展示自我能力和学习成效的机会。通过相互评价，学生可以从他人视角审视自己的工作，发现自身的优缺点，并在此基础上进行改进。这样的反馈机制有助于提升整体的学习成果与应用能力，使学生在实践中不断地成长和进步。通过这种方式，学生能够在真实的情境中锤炼自己的技能，为未来的职业发展奠定坚实的基础。

第五章　产教融合赋能的数字贸易人才培养平台建设

第一节　平台总体架构

一、平台设计理念与目标定位

（一）平台设计理念

平台设计应注重数字化转型，利用先进的信息技术和数据分析工具，提高人才培养的效率与质量。通过数字化手段，教育机构能够更精准地把握行业发展趋势，及时更新教学内容，确保培养的人才能够快速适应市场变化。

在当前快速变化的数字贸易环境中，建立多元化的学习体系显得尤为重要。结合线上线下相结合的教学模式，平台可以更好地满足不同学员的学习需求与发展方向。线上学习提供了灵活的时间安排和丰富的资源，而线下学习则通过实践和互动增强了学习效果。平台应具备灵活性与适应性，能够根据市场变化和技术进步及时调整课程内容和培养方案，保持人才培养的前瞻性。这种灵活性不仅体现在课程内容的更新上，也体现在教学方法的创新上，以适应不断变化的学习者需求和市场挑战。

为了实现这些目标，平台设计理念必须紧扣产教融合的核心，强调实践与理论的结合。通过与企业的紧密合作，平台可以引入最新的行业案例和技术应用，丰富教学内容，使学员在学习过程中能够直接接触真实的行业问题和解决方案。这种实践导向的教学模式不仅提高了学员的实战能力，也增强了他们的创新思维和问题解决能力，从而更好地满足了数字贸易行业对复合型人才的需求。平台的目标定位不仅是培养技术型人才，还是培养能够引领行业发展的创新型人才。

（二）平台目标定位

数字贸易人才培养平台的目标定位是确保培养的学员能够在快速发展的数

字贸易领域中脱颖而出。

首先，明确数字贸易人才的核心能力要求是平台目标定位的关键。这些能力包括数字技术的应用、国际贸易规则的理解、市场分析能力以及跨文化沟通能力等。这些能力的明确化不仅有助于培养目标与行业标准和企业需求的一致性，也为学员提供了清晰的学习和发展方向。通过对这些核心能力的强调，平台能够更有效地对接企业需求，提升学员的就业竞争力。

其次，平台致力于建立多层次、多领域的职业发展路径。这一目标的实现需要根据学员的个人兴趣和市场需求制订个性化的发展规划。通过提供多样化的课程和学习资源，平台能够支持学员在不同的数字贸易领域中探索和发展。无论是希望深耕某一专业领域，还是希望拓展跨领域的综合能力，平台都为学员提供了广阔的选择空间。这种多层次的职业发展路径不仅满足了学员的个性化需求，也为行业输送了多样化的人才。推动跨学科合作是平台目标定位的一个重要方面。数字贸易领域的复杂性和多样性要求人才具备跨学科的综合素质。平台通过整合不同专业的知识与技能，培养学员的综合素质和创新能力。跨学科合作不仅体现在课程设计上，也体现在项目实践中。通过与其他学科的深度融合，学员能够在真实的商业环境中锻炼和提升自身的综合能力，从而更好地适应数字贸易行业的快速变化。

最后，强化实践导向是平台目标定位中不可或缺的一环。平台通过提供真实项目和实习机会，帮助学员提升实战能力和创新思维。在实践中，学员不仅能够将所学知识应用于解决实际问题，还能在真实的商业环境中培养解决问题的能力和创新思维。通过与企业的紧密合作，平台能够为学员提供丰富的实习机会，使其在毕业前就能积累宝贵的行业经验。这种实践导向的教育模式，不仅提高了学员的就业能力，也为行业输送了具有实战经验和创新能力的高素质人才。

二、平台架构层次划分

（一）基础层架构

数字贸易人才培养平台基础层架构的设计必须全面涵盖数字贸易的基础知识与技能模块，确保学员能够掌握行业所需的核心概念。这些模块的设置应紧密结合当前数字贸易的发展趋势和市场需求，确保学员不仅能够理解理论知识，还能在实践中进行应用。通过系统化的课程设计，学员可以逐步建立起对数字贸易的全面认知，为后续的深入学习和职业发展奠定基础。

信息技术支持系统的建立是基础层架构的另一个重要组成部分。该系统提供了一个便捷的线上学习平台，使学员能够随时随地获取学习资料和工具。这种灵活的学习方式不仅提高了学习效率，还促进了资源的共享与交流。信息技术支持系统应整合多种数字化学习资源，包括视频课程、在线图书馆、互动练习等，确保学员能够在多样化的学习环境中进行自主学习。此外，信息技术的应用也为学员提供了更多的互动机会，增强了学习的趣味性和参与度。

设计评估与反馈机制是确保学习效果的重要手段。通过定期测试与项目评估，平台能够及时了解学员的学习进展与能力提升情况。这一机制不仅能帮助学员明确自身的学习成效和不足，还为课程设计者提供了宝贵的反馈信息，以便对课程内容和教学方法进行适时的调整。评估与反馈机制应采用多元化的评估方式，包括理论考试、案例分析、项目实践等，以全面衡量学员的知识掌握和应用能力，从而推动学员的持续进步。

导师制度的设立为学员提供了宝贵的指导与支持。通过邀请行业专家与学术导师共同指导，学员能够获得来自实践和理论的双重视角，提升其职业素养与实战能力。导师制度不仅有助于学员在学习过程中解决实际问题，还能通过行业经验的传授，帮助学员更好地理解数字贸易的职场需求和发展方向。通过定期的导师交流会和个性化指导，学员能够获得更具有针对性的学习建议和职业规划指导，从而更好地应对未来的职业挑战。

（二）服务层架构

通过建立行业资源共享平台，服务层架构能够有效地促进企业与教育机构之间的合作与信息交流。这种合作模式不仅能够增强人才培养的针对性和有效性，还能为学员提供更多的实践机会和行业洞察。行业资源共享平台的建设需要整合各类行业资源，并通过信息技术手段实现资源的有效配置和利用。通过这一平台，企业可以分享最新的行业动态和需求，而教育机构则能够根据这些信息调整课程设置和教学内容，从而培养出更符合市场需求的人才。

开发线上职业指导服务是服务层架构中的一个重要组成部分。该服务旨在为学员提供全面的职业规划支持，包括简历制作、面试技巧等方面的指导。这些服务能够帮助学员更好地了解数字贸易领域的职业发展路径，并为其进入该领域做好充分的准备。通过线上职业指导，学员可以获得个性化的职业建议，明确自身的职业目标，并掌握必要的求职技能。这种有针对性的指导不仅提高了学员的就业竞争力，还缩短了其从教育阶段到职业生涯的过渡时间。

服务层架构还包括构建多样化的实习与实践项目库。通过涵盖不同企业和行业需求的项目库，学员能够在真实环境中锻炼技能，积累实践经验。这些项目不仅为学员提供了宝贵的实习机会，还帮助他们将理论知识应用于实际工作中，从而提高其解决实际问题的能力。通过参与这些项目，学员能够更好地理解行业运作方式，增强其在数字贸易领域的适应能力和创新能力。这种实习与实践项目的设计需要与企业紧密合作，以确保项目的真实性和实用性。

引入数据分析与反馈机制是服务层架构中提高教学质量的重要手段。通过收集和分析学员的学习数据，可以评估其学习表现，并根据分析结果及时调整教学内容与方法。这种数据驱动的教学模式不仅能够提高教学效率，还能为学员提供个性化的学习支持。反馈机制的有效实施需要结合先进的数据分析技术，以确保数据的准确性和及时性。通过这一机制，教育机构能够更精准地识别学员的学习需求，并提供有针对性的教学资源和辅导。

此外，服务层架构通过实施跨领域的研讨与交流活动，进一步拓宽学员的视野与思维。这些活动邀请业界专家举办讲座与分享，为学员提供了与行业领袖直接交流的机会。这种交流不仅有助于学员了解行业前沿动态，还能激发其创新思维和创造力。通过参与这些活动，学员能够接触不同领域的专业知识，培养跨学科的思维能力，从而在未来的职业生涯中具备更强的竞争力和创新能力。

（三）应用层架构

应用层架构的核心是基于项目驱动的学习模式，通过真实的数字贸易项目，学员不仅能够提升实操能力，还能在团队协作中锻炼沟通与协调能力。项目驱动的学习模式强调实践的重要性，学员需在项目中应用所学知识，面对真实的商业挑战，这种学习方式有效地缩短了理论与实践之间的差距。此外，项目的多样性和复杂性也为学员提供了一个不断自我挑战和成长的机会，培养其解决问题的能力。

引入智能化学习工具是应用层架构的重要组成部分。通过人工智能辅导系统，学员可以获得个性化的学习建议和实时反馈，这些工具不仅帮助学员识别自身的学习盲点，还能优化学习策略，增强学习效果。智能化学习工具的应用，不仅提高了学习的效率，还使学习过程更加灵活和个性化。学员在学习过程中，通过不断调整和优化自己的学习方法，能够更好地掌握数字贸易的核心技能和知识。

构建数字贸易模拟环境是应用层架构的创新之举。通过在安全的虚拟平台上进行决策与实践，学员能够增强应对复杂市场环境的能力。模拟环境提供了一个低风险的实践空间，学员可以在其中尝试不同的策略和决策，观察其结果和影响。这种模拟实践不仅能帮助学员理解市场动态和商业运作，还提高了其在真实市场中的应变能力和决策水平。

实施行业认证课程是应用层架构的重要环节，确保学员在完成学习后能够获得相关资格证书。这些认证课程与行业标准紧密结合，学员通过认证考试，证明其具备了从事相关工作的能力和素质。行业认证不仅提升了学员在就业市场中的竞争力，也为企业在招聘过程中提供了一个衡量应聘者能力的标准。认证课程的实施，使得学员的学习成果得到了权威的认可。

创建国际交流项目为学员提供了拓宽国际视野和提升跨文化沟通能力的机会。通过与海外院校及企业的互动，学员能够了解不同国家和地区的市场环境和商业文化。国际交流项目不仅促进了学员的语言能力和文化理解，还增强了其在国际市场中的竞争力。这种跨文化的学习和交流经验，使学员在未来的职业生涯中更具有优势，能够更好地适应全球化的商业环境。

三、平台支撑体系构建

（一）技术支撑

在数字贸易人才培养平台中，构建高效的数据管理系统，支持学习资源的存储、检索与共享，确保学员能够快速获取所需的学习材料。这一系统的设计应考虑到海量数据的高效处理能力，同时，具备灵活的扩展性，以适应未来不断增长的学习需求。此外，数据管理系统还应具备良好的用户界面设计，以提升学员的使用体验，使其能够在简洁直观的操作中高效地完成学习任务。通过优化数据管理系统，教育机构可以更好地组织和管理教学资源，为学员提供更便捷和高效的学习支持。

引入云计算技术是建设数字贸易人才培养平台的重要技术支撑。云计算技术的应用能够提供可扩展的在线学习平台，支持大规模的学员并发访问。这种技术不仅提高了平台的灵活性和可扩展性，还能显著地提升学员的学习体验。通过云计算，平台可以根据用户需求动态分配资源，确保在高峰期也能保持流畅的学习过程。此外，云计算的应用还降低了硬件设备的投入成本，使更多的教育机构能够负担得起高质量的在线教育平台，从而扩大了优质教育资源的覆盖面。

人工智能技术在数字贸易人才培养平台中的应用，主要体现在智能推荐系统的开发。该系统通过分析学员的学习进度与兴趣，提供个性化的课程推荐，提高了学习的针对性和有效性。智能推荐系统不仅能够帮助学员更快地找到适合自己的学习内容，还能激发其学习兴趣，增强学习效果。通过机器学习算法，系统能够不断地优化推荐策略，随着学员学习数据的积累，推荐的精准度也会逐步提高。这种个性化的学习体验，有助于培养学员的自主学习能力和创新思维，推动数字贸易人才的全面发展。

为了确保学员在线学习与实习时的数据隐私与信息安全，建立安全的网络环境是技术支撑的重要组成部分。安全的网络环境不仅要防范外部攻击，还需保护学员的个人信息和学习数据免受内部泄露。采用先进的加密技术和安全协议，可以有效地保障数据传输的安全性。同时，平台应定期进行安全审计和风险评估，及时修补安全漏洞，确保平台的整体安全性。通过构建完善的安全体系，教育机构可以为学员提供一个可以信赖的学习环境，增强其参与在线学习的信心。

大数据分析技术的应用，为教育机构提供了实时监测学员学习行为与成绩的能力。通过对学员学习数据的分析，教育机构可以及时了解学员的学习状态和进度，并根据分析结果调整教学策略与内容。这种数据驱动的教学方式，不仅提高了教学的针对性和有效性，还能帮助教育机构更好地满足学员的个性化学习需求。大数据分析还可以用于评估教学效果，帮助教育机构不断地优化教学方法和课程设计，提高整体教学质量。通过技术支撑的不断完善，数字贸易人才培养平台将更好地服务于学员的学习与发展。

（二）资金支撑

建立多元化的资金筹措渠道是确保平台可持续发展的关键策略。政府资助、企业赞助和社会捐赠等多渠道资金来源，不仅能够为平台的日常运营提供稳定的经济支持，还能为其发展提供长期保障。政府的资金支持通常在政策引导和战略规划上发挥着重要作用，企业赞助则通过实质性投入，促进校企之间的深度合作，社会捐赠则可以激发社会各界对数字贸易人才培养的关注与支持。

制订明确的资金使用规划是提高人才培养整体质量的必要措施。资金的合理分配和使用，直接关系到课程开发、师资培训和实践项目等关键领域的建设与发展。课程开发需要大量的资金投入，以确保其内容的前沿性和实用性；师资培训则需要通过资金支持，提高教师的专业水平和教学能力；而实践项目的开展，则需要资金保障其顺利实施，为学生提供真实的行业体验和实践机会，从而提高人才培养的实效性。

设立奖学金与助学金制度，是激励优秀学员参与数字贸易相关课程的重要手段。奖学金和助学金不仅能够降低学员的经济负担，还能吸引更多有潜力的人才加入该领域。通过经济激励措施，可以有效地提高学员的学习积极性和参与度，进而提高人才培养的质量和数量。此外，这些制度也有助于塑造良好的学习氛围和竞争环境，促进学员之间的良性互动和共同进步。

与企业建立长期合作关系，是获取实习与就业支持资金的重要途径。通过校企合作，平台可以获得企业在资金、技术和资源等方面的支持，从而实现人才培养与行业需求的无缝对接。企业在合作中提供的实习和就业机会，不仅为学员提供了宝贵的实践经验，也为企业储备了高素质的人才资源。这种深度融合的合作模式，有助于提升人才培养的实效性和针对性，满足数字贸易行业快速发展的需求。

探索创新的融资模式，如众筹和投资基金，为数字贸易人才培养项目提供了灵活的资金支持。这些创新模式能够快速聚集资金，推动项目的快速实施与发展。众筹模式通过社会化的资金募集方式，能够吸引广泛的社会关注和参与；而投资基金则通过专业化的资金运作，为项目提供持续的经济支持。这些创新融资模式的应用，不仅拓宽了资金来源渠道，也为数字贸易人才培养项目的可持续发展提供了新的动力。

四、平台用户角色与权限设置

（一）用户角色的分类与定义

用户角色的分类不仅涉及学员、教师、企业导师、行业专家和管理者等不同角色的具体职能，还关系到平台的整体架构设计和资源配置。学员角色主要负责参与课程学习与实践，掌握数字贸易相关知识与技能。他们通过积极参与项目和实习，提升个人能力与职业素养，成为未来数字贸易领域的中坚力量。学员角色的设置旨在通过系统化的学习路径，帮助他们在理论与实践之间建立起有效的联系。

教师角色在平台中扮演着至关重要的角色。他们不仅负责课程的设计与实施，还提供专业指导与支持，评估学员的学习进展，确保教学质量与效果。教师需要具备丰富的教学经验和行业背景，以便在教育过程中融入最新的行业动态和技术发展，为学员提供实用且前沿的知识。教师角色的设置强调教学的灵活性和适应性，以满足不同学员的学习需求和职业发展目标。

企业导师角色则为学员提供了宝贵的行业实践经验与指导。他们帮助学员了解市场需求与职业发展路径，促进校企合作与资源共享。通过企业导师的指导，学员能够更好地将理论知识应用于实际工作中，增强对行业的理解和适应能力。企业导师角色的设置不仅有助于学员的职业发展，也为企业提供了发现和培养潜在人才的机会，形成双赢的局面。

行业专家角色的参与是平台内容更新与优化的重要保障。他们提供前沿知识与技术支持，增强学员的创新能力与市场适应性。行业专家通常来自数字贸易领域的前沿，他们的经验和洞察力能够帮助平台保持内容的前瞻性和实用性。行业专家角色的设置确保了课程内容的动态更新，使学员始终能够接触最新的行业发展趋势和技术创新。

管理者角色在平台的整体运营与管理中起着核心作用。他们负责协调各方资源，确保人才培养目标的实现与平台的可持续发展。管理者需要具备战略眼光和协调能力，以有效地整合教育资源和行业资源，推动平台的不断创新和优化。管理者角色的设置强调了平台运作的系统性和持续性，确保平台能够在快速变化的数字贸易环境中保持竞争力和影响力。

（二）用户角色与平台功能的匹配

学员是平台的核心用户，他们通过在线学习平台获取丰富的课程资源。这些资源不仅包括视频讲解和课件资料，还涵盖了行业动态和技术前沿的讨论。通过参与在线讨论，学员能够与同行交流学习经验，分享知识，形成一个学习共同体。这种自主学习方式不仅提高了学员的学习积极性，还促进了知识的深度内化和广泛传播。

教师在平台中扮演着指导者和评估者的双重角色。利用平台提供的数据分析工具，教师可以实时跟踪学员的学习进度和表现。这些工具通过分析学员的学习数据，帮助教师识别学习中的薄弱环节，并据此调整教学策略。通过这种方式，教师可以提供个性化的教学指导，提高教学效率，确保每位学员都能在学习过程中获得最大收益。

企业导师为学员提供了将理论知识应用于实践的宝贵机会。他们通过平台发布实习岗位和行业项目，鼓励学员参与实际操作。这不仅增强了学员的实践能力，还能使他们在真实的工作环境中体验行业需求和动态变化。通过这种方式，学员可以更好地理解课堂上所学知识的实际应用价值，缩短从学校到职场的过渡时间。

行业专家的参与是确保课程内容与市场需求保持一致的关键。专家通过平台参与课程内容的设计和定期更新，确保教学内容始终反映最新的市场趋势和技术发展。这种动态更新机制使课程内容具有前瞻性和实用性，为学员提供了紧跟行业发展的学习资源，帮助他们在竞争激烈的就业市场中保持竞争力。

管理者则负责平台的整体运营和资源协调。他们需要确保平台各项功能的高效运行，协调学员、教师、企业导师和行业专家之间的合作。通过合理配置和优化资源，管理者能够确保平台的运营效率和人才培养目标的达成。这种多角色的协同合作模式不仅提高了平台的管理水平，也为数字贸易人才的培养提供了坚实的保障。

（三）权限设置的原则与策略

权限设置不仅关系到平台的安全性，也直接影响用户体验和平台的整体效率。通过精心设计的权限管理机制，可以确保各类用户在使用平台时，既能获取所需的信息和功能，又能避免不必要的风险和信息泄露。权限设置的原则应包括严格的安全性、灵活的适应性和高效的可操作性，确保平台在不断发展的过程中，始终能够满足用户的实际需求。

根据用户角色的需求和职责设置不同的访问权限，是权限管理的核心任务。这种策略不仅需要考虑用户的当前职责，还需预见到其可能的角色变化，以适应平台的发展。通过明确的权限划分，平台可以有效地控制信息流动，保障信息的安全性和完整性。同时，这种角色导向的权限设置策略也有助于简化用户操作，提高用户的工作效率和平台的整体运行效率。平台的权限设置策略应当灵活且具有前瞻性，以适应不断变化的用户需求和技术环境。

建立权限管理机制，定期审查和更新用户权限，是保持平台安全性和适应性的关键。随着平台功能的扩展和用户角色的变化，权限管理机制需要具备动态调整的能力。通过定期的权限审查，可以及时发现并纠正权限设置中的不合理之处，确保用户仅能访问与其角色匹配的信息和功能。此外，权限管理机制还须具备一定的灵活性，以便在特殊情况下能够快速响应和调整，确保平台的持续安全和高效运行。

为各类用户提供相应的培训，是确保他们能够充分理解并合理使用其权限的重要措施。培训内容应包括权限使用的基本原则、常见问题的处理方法以及平台安全操作规范等。通过培训，用户能够更好地掌握权限使用的技巧，从而提高平台的整体使用效率。同时，培训也为用户提供了一个与平台管理者沟通和反馈的渠道，有助于权限管理策略的不断优化和完善。

引入权限分级管理，确保敏感信息和关键功能仅限于特定角色访问，是增强平台安全性的有效策略。权限分级管理能够将平台的访问权限细化到不同的层级，根据用户角色的重要性和职责范围，分配相应的权限等级。这种管理方式不仅提高了平台的安全性，还能有效地防止因权限滥用而导致的信息泄露和安全事故。通过明确的权限等级划分，平台能够更好地保护敏感信息，并为用户提供一个安全可靠的操作环境。

建立反馈机制，鼓励用户对权限设置提出意见和建议，是不断优化权限管理策略的重要手段。用户在使用平台的过程中，往往能够发现权限设置中的不足。通过建立有效的反馈机制，平台管理者可以及时获取用户的意见和建议，从而不断地改进权限管理策略，提升用户体验。反馈机制不仅有助于发现潜在的问题，还能增强用户参与感，使他们在使用平台时更加积极主动，最终促进平台的持续改进和发展。

第二节　平台功能模块开发

一、在线学习与互动模块

（一）实时在线学习资源管理

在数字贸易人才培养平台中，建立一个全面的在线学习资源库，能够有效地整合数字贸易相关的课程、教材和多媒体资料。这一资源库的构建，不仅便于学员随时访问和学习，而且能够提供一个系统化的学习平台，提高学习的便利性和效率。通过这种方式，学员可以在任何时间、任何地点获取所需的学习资源，从而打破传统教学模式的时空限制，实现学习的无缝连接。

为了确保学习资源的内容与行业动态和技术进步保持一致，实施实时更新机制显得尤为重要。这一机制不仅可以增强学习资源的时效性，还能够提高学习的实用性。随着数字贸易行业的快速发展，技术和市场需求不断变化，学习资源的更新速度直接影响学员的知识更新和技能提升。通过实时更新，学员能够及时掌握最新的行业信息和技术发展趋势，从而在激烈的市场竞争中保持优势。

互动讨论平台的引入，是增强学员之间、学员与教师之间即时交流和知识分享的重要手段。通过这一平台，学员可以随时与教师和其他学员进行互动，分享学习心得和经验，解决学习过程中遇到的疑难问题。这种即时的互动不仅能够增强学习的参与感和互动性，还能够促进学员之间的合作与交流，形成一个良好的学习氛围，激发学员的学习积极性和创造力。

个性化学习路径的设置，是提升学习针对性和有效性的关键。依据学员的学习进度和兴趣，推荐适合的学习资源和课程，可以有效地满足学员的个性化学习需求。通过分析学员的学习轨迹和兴趣偏好，平台可以智能推荐最适合的学习内容，从而帮助学员更有针对性地进行学习，提高学习效率。这种个性化的学习体验，不仅能够激发学员的学习兴趣，还能够帮助学员更好地掌握知识和技能。

引入学习进度跟踪与反馈系统，可以实时监测学员的学习情况，为学员提供及时的指导和支持。这一系统能够帮助学员了解自己的学习进度，识别学习中的薄弱环节，并及时调整学习策略。通过这种方式，学员可以更有针对性地进行学习，增强学习效果。同时，教师也可以根据反馈信息，有针对性地提供指导和支持，帮助学员克服学习中的困难，进一步提高学习质量和效率。

（二）学习进度跟踪与效果评估

在数字贸易人才培养平台中，建立一个完善的学习进度监测系统，通过定期收集学员的学习数据，可以有效地评估其在课程中的参与度和学习效果。这一系统不仅关注学员的出勤率和作业提交情况，还包括对其在线互动和参与讨论的频率进行监测。这种多层次的数据收集方式，能为教师提供更全面的学员学习状态信息，从而为个性化教学提供数据支持。

设计多维度的评估指标是全面衡量学员学习成果的基础。除了传统的知识掌握程度评估外，还需要关注学员的技能应用能力和项目实践表现。通过结合理论知识与实际操作的考核，能更准确地反映学员在真实工作环境中的能力。

这种评估方法不仅有助于学员了解自身的优势和不足，还能为教师调整教学内容提供重要参考，从而实现教学内容与学员需求的精准对接。

实施阶段性反馈机制是提高学习效率的重要手段。通过定期的测验和项目评估，教师可以及时向学员提供具体的学习建议，帮助其调整学习策略。这种反馈机制不仅有助于学员在学习过程中不断地优化学习方法，还能激发其学习动力和兴趣。此外，阶段性反馈还能帮助教师了解教学效果，及时调整教学策略，以更好地满足学员的学习需求。

引入同学评审环节是促进学员知识共享和团队合作能力提升的有效方式。通过让学员相互评估项目成果，可以激发其批判性思维和创新能力。同时，同学评审还可以增强学员的责任感和参与感，促进其在团队合作中的角色意识。这种评估方式不仅有助于学员在项目中相互学习，还能在团队环境中锻炼其沟通和协作能力。

利用数据分析工具对学习效果进行深入分析，是优化课程内容和教学方法的重要手段。通过对学员学习数据的全面分析，可以识别出学习中的瓶颈和改进点。这不仅有助于教师有针对性地改进教学方法，还能为课程内容的更新和优化提供数据支持。通过这种数据驱动的方式，数字贸易人才培养平台可以不断地提高其教学质量和学员满意度，从而实现产教融合的真正价值。

（三）互动问答与社区交流

在数字贸易人才培养平台中，建立一个高效的互动问答模块，能够让学员在学习过程中随时提出疑问，并得到教师和行业专家的及时解答。这种即时的互动不仅能够帮助学员更好地理解复杂的知识点，还能促进知识的深入探讨和交流。通过这种方式，学员不仅是在被动接受知识，而是通过提问和互动，主动参与学习过程，增强了学习的有效性和趣味性。

创建主题讨论区是增强学习互动性的重要途径。在这些讨论区中，学员可以围绕数字贸易的热点话题进行深入交流，分享各自的见解和经验。这种交流不仅能够帮助学员开阔视野，还能激发他们的思维，促使他们从不同的角度去思考问题。通过与同行的交流，学员能够更好地了解行业动态和发展趋势，从而在学习中得到更大的收获。

组织定期的在线研讨会，邀请行业专家和学者分享前沿知识和实践经验，是拓宽学员视野与思维的重要手段。这些研讨会不仅提供了一个学习最新行业动态的平台，还为学员提供了与专家直接交流的机会。在研讨会中，学员可以了解行业内的最新技术和发展趋势，增强他们对数字贸易的理解和实践能力。这种面对面的交流形式，有助于学员更好地将理论与实践相结合，提升他们的综合素质。

设立学员互助小组，鼓励学员组成学习小组，共同讨论和解决学习中的难题，是提升团队协作能力的有效方式。通过小组合作，学员可以在讨论中相互学习，分享各自的知识和经验。这不仅能够帮助他们克服学习中的困难，还能提升他们的团队合作能力和沟通技巧。在这个过程中，学员能够更好地理解和运用所学知识，为他们将来的职业发展打下坚实的基础。

引入积分奖励机制，激励学员参与问答和讨论，能够有效地增强社区的活跃度，营造良好的学习氛围。积分奖励机制通过将学员的参与度与奖励挂钩，激发了他们的学习热情和积极性。学员在参与问答和讨论的过程中，不仅能够获得知识，还能通过积分得到认可和激励。这种机制通过激励学员的参与，增强了社区的互动性和凝聚力，为学员创造了一个积极向上的学习环境。

二、项目实战实训模块

（一）项目库建立与更新

数字贸易人才培养平台旨在通过系统化的项目管理提升学员的实战能力。建立项目库的基本框架是首要任务，明确项目类型、目标及预期成果，以便于学员根据自身需求选择适合的实训项目。这一框架不仅需要涵盖当前行业的热点和发展趋势，还应考虑不同层次学员的能力和兴趣需求。通过详细的项目描述和目标设定，学员能够在实训过程中明确学习方向，增强学习动机，提高学习效率。

为了确保项目库的内容始终与行业发展动态和市场需求相契合，定期更新项目库内容显得尤为重要。行业的发展日新月异，市场需求也在不断变化，只有通过定期的内容更新，才能保证项目的实用性和前瞻性。这样的更新机制不仅能帮助学员掌握最新的行业技能，还能提升他们的市场适应性。通过持续的项目更新，学员可以在实践中不断地积累经验，增强自身竞争力。

设立项目评估机制是保证项目库有效性和教学质量的关键。对项目库中的每个项目进行定期评估，可以确保项目的内容符合教学目标，并能有效地促进学员的能力提升。评估机制应包括多维度的指标，如项目的创新性、实用性和教学效果等，通过科学的评估方法，教学团队可以及时发现并解决项目中存在的问题，确保项目库的高质量运行。

构建项目反馈系统是项目库优化的必要手段。通过收集学员和企业对项目实施的反馈，平台可以获得关于项目实际效果的重要信息。反馈系统应包括学员的学习体验、项目的实际应用效果以及企业对学员能力的评价等方面。通过对反馈信息的分析，平台可以持续优化项目库的内容和结构，确保项目能够满足学员的学习需求和企业的用人标准，从而实现产教融合的真正目标。

（二）项目组队与分工协作

通过建立有效的项目组队机制，可以根据学员的兴趣和特长，将其合理地分配到不同的项目组中。这种分配不仅促进了多样化的团队合作，也为学员提供了一个相互学习和成长的环境。项目组队机制的建立，旨在通过多样化的团队构成，激发学员的创新思维和实践能力，从而提升他们在数字贸易领域的综合素养。

在项目组内部，明确的角色分工是提高团队协作效率和项目实施效果的关键。每位学员在项目中承担特定职责，这不仅有助于培养其责任感和使命感，还能通过明确的分工，确保项目的各个环节都能顺利进行。角色分工的明确化，使团队成员可以专注于自己的任务，同时，也能在需要时协助其他成员，形成一个高效运作的团队。通过这种方式，团队协作的效率得到了显著的提高，项目实施的效果也得到了保障。

为了确保项目组在实施过程中的有序进行，制定详细的项目管理流程是必不可少的。项目管理流程的制定，不仅为项目组提供了明确的目标和时间节点，还设定了评估标准，以便在项目中进行阶段性评估和调整。这种有序的管理方式，能够确保项目的整体质量，并为学员提供真实的项目管理体验。通过实践，学员能够更好地理解项目管理的复杂性和重要性，从而在未来的职业生涯中具备更强的项目管理能力。

在项目实施过程中，定期的沟通与反馈是促进信息共享和问题解决的有效方式。项目组成员之间的定期交流，不仅有助于及时发现和解决问题，还能增强团队的凝聚力和创新能力。通过这种开放的沟通机制，团队成员可以分享各自的想法和经验，激发更多的创新思维。同时，这种沟通机制也为学员提供了一个锻炼沟通能力和团队协作能力的平台，有助于其综合能力的提升。

引入导师指导机制，为项目组提供专业的支持和指导，是项目实战实训模块的重要组成部分。每个项目组配备行业导师，不仅为学员提供了宝贵的行业经验和专业知识，还能帮助他们更好地应对项目中的各种挑战。导师的指导，不仅提升了项目的专业性和实用性，还为学员提供了一个与行业专家直接交流和学习的机会。这种机制的引入，有助于学员在实践中不断地反思和改进，从而在数字贸易领域中更具有竞争力。

（三）项目进度管理与成果展示

数字贸易人才培养平台中的项目进度管理系统确保各项目组能够实时更新进度和任务完成情况，从而提高项目的透明度与管理效率。通过这样的系统，管理者和学员可以随时掌握项目的最新动态，及时发现并解决潜在问题，避免项目延误和资源浪费。项目进度管理系统还可以通过数据分析提供详尽的项目报告，帮助学员理解项目推进过程中的关键环节和瓶颈问题。

定期组织项目进展汇报会是促进学员交流与合作的有效方式。在这些会议中，学员有机会分享项目实施过程中遇到的挑战与解决方案，这不仅增强了团队间的学习与协作能力，还培养了学员解决实际问题的能力。通过这样的互动，学员能够从他人的经验中汲取教训，拓宽思维，提升自身的项目管理能力。此外，汇报会还为导师和行业专家提供了指导学员的机会，帮助他们更好地理解行业需求和标准。

设计成果展示平台是激励学员创新与实践能力的重要举措。在项目完成后，学员可以通过这一平台展示其成果，接受同行和导师的反馈与评价。这一过程不仅提高了学员的自信心，还为他们提供了一个检验自己学习效果的机会。通过对项目成果的展示与评价，学员能够更好地理解自身的优势与不足，从而在未来的学习和工作中不断地改进。成果展示平台还为企业和行业提供了一个观察学员能力和潜力的窗口，有助于实现人才的精准对接。

实施项目成果评估标准是确保项目质量与实用性的重要保障。针对不同项目设定具体的评价指标，可以确保每个项目的成果都符合行业的实际需求和标准。这一过程不仅是对学员能力的检验，也是对整个教学过程的反馈。通过严格的评估标准，学员能够更加明确自己的努力方向，导师也可以根据评估结果调整教学方法和内容，从而提高整体教学质量。

建立项目总结与反思机制是促进学员持续改进与学习的重要手段。在项目结束后，学员进行自我评估与团队总结，可以帮助他们更好地理解项目实施过程中的得失。通过总结与反思，学员能够识别自己的不足，并制订切实可行的改进计划。此外，这一机制还可以培养学员的批判性思维能力和自我管理能力，为他们的职业发展打下坚实的基础。在这样的学习文化中，学员不仅能够提高自身的专业技能，还能培养出色的团队合作与沟通能力。

三、职业发展规划模块

（一）个性化职业发展路径规划服务

数字贸易人才培养平台根据学员的兴趣和专业背景量身定制职业发展路径，这一服务能够帮助学员明确未来的职业方向和目标。学员在选择职业时，往往面临着多样化的选择和不确定性，个性化的职业发展路径规划服务通过精确的分析和建议，能够有效地引导学员在职业道路上作出明智的选择。这种服务不仅增强了学员的自我认知，还提升了他们在职业发展中的主动性和目标感。

在职业发展规划中，整合行业需求与市场趋势是关键的一环。这一模块通过深入分析当前行业的需求和市场的变化趋势，为学员提供适合的技能培训和课程选择建议。数字贸易领域的快速发展要求从业者具备不断更新的技能和知识，通过指导学员选择适合的培训项目，职业发展规划模块能够有效地提升学员的职业竞争力。通过这样的整合和指导，学员不仅能够掌握行业所需的核心技能，还能在快速变化的市场中保持竞争优势。

建立职业发展咨询机制是实现个性化职业发展规划服务的重要手段。通过定期为学员提供“一对一”的职业规划服务，确保其发展路径的个性化与实效性。这种机制不仅提供了专业的指导和支持，还为学员提供了一个交流和反馈的平台，使他们能够及时调整职业规划，适应不断变化的职业环境。职业发展咨询机制的建立，不仅提升了学员的职业发展能力，也增强了他们在职业生涯中的自信心和适应力。

为了帮助学员更好地评估自身的职业能力与发展进度，职业发展评估工具的设计显得尤为重要。通过这些工具，学员能够定期进行自我评估，了解自身在职业发展中的优势和不足。这种评估不仅帮助学员及时调整职业规划，还为他们提供了一个明确的职业发展方向和目标。职业发展评估工具的应用，使学员能够在职业生涯中保持持续的成长和进步，确保其职业发展的成功和长远性。

（二）职业规划测试与评估服务

数字贸易人才培养平台设计有效的职业规划测试工具，帮助学员识别个人兴趣、能力和职业倾向，是制订符合自身特点的职业发展计划的基础。通过这些工具，学员能够更全面地了解自己的职业兴趣和能力特征，从而在职业选择中作出更明智的决策。职业规划测试工具不仅关注学员的当前能力，还通过多种方法评估其潜在能力和发展空间，帮助学员在职业生涯的早期阶段就明确方向，避免走弯路。

为了确保职业规划的科学性和实用性，平台建立了定期评估机制。通过多维度评估工具，分析学员的职业技能与市场需求的匹配程度，平台能够为学员提供有针对性的反馈，帮助他们优化职业路径。这种评估不仅关注学员的个人发展，还结合当前市场的变化趋势，确保学员的职业技能始终符合市场需求。通过定期评估，学员能够及时调整职业发展计划，保持与市场同步的职业竞争力。

在线职业规划测试是平台的一大亮点。结合心理测评与职业倾向分析，学员能够更深入地了解自身职业发展潜力与方向。这种测试不仅关注学员的当前状态，还通过分析其心理特征和职业倾向，预测其未来可能的发展路径。在线测试的便捷性和高效性，使得学员可以随时随地进行评估，获取专业的职业发展建议。通过这种方式，学员能够不断反思和调整自己的职业规划，确保其职业发展方向的准确性和可持续性。

为了保持职业规划评估服务的高效性和前瞻性，平台整合了行业专家的见解，定期更新职业规划评估标准。这种动态更新机制确保评估标准与快速变化的市场需求保持一致。随着行业的发展和市场的变化，职业规划评估标准也在不断演进。通过与行业专家的合作，平台能够及时捕捉市场变化，调整评估标准，提升评估的实用性和前瞻性，从而为学员提供更具价值的职业规划建议。

职业发展跟踪系统是平台的一项关键功能。该系统记录学员的职业发展进程与成就，定期进行回顾与调整，确保职业规划的动态适应性。通过这种跟踪系统，学员可以清晰地看到自己的职业发展轨迹，了解自身的成就和不足。定期的回顾与调整，使学员能够在职业发展过程中不断地优化自己的职业路径，确保其职业规划始终符合个人发展目标和市场需求。通过这种方式，平台可以帮助学员实现职业发展的长期成功。

（三）行业资讯与职业发展趋势分析服务

数字贸易人才培养平台通过分析当前数字贸易领域的行业发展动态，为学员提供最新的市场需求和技术趋势信息。这一服务不仅有助于学员及时了解行业的变化，还能帮助他们在快速发展的数字经济中保持竞争力。通过对市场需求的深入分析，学员可以更好地理解行业所需的技能和知识，从而在职业发展中占据有利地位。

为了确保学员能够获取全面而准确的行业信息，平台整合了各类行业报告和研究成果，并定期推送行业资讯。这些信息涵盖了行业标准、最佳实践以及新兴技术的发展动向，使学员能够及时跟进行业的变化。通过对这些信息的学习，学员不仅能提升自身的专业素养，还能在职业发展中作出更明智的决策。平台通过这一模块的建设，帮助学员在数字贸易领域建立起坚实的知识基础。

职业发展资源库的建立是平台功能模块的重要组成部分。资源库中汇集了各类职业指南、技能培训信息和就业机会，便于学员查阅和使用。这一资源库不仅为学员提供了丰富的学习材料，还为他们的职业发展提供了实用的指导。通过对资源库中信息的查阅，学员可以获得关于职业发展的全面建议，从而在就业市场中更具有竞争力。

平台还实施定期的职业市场分析，评估不同职业路径的前景与挑战。这一分析帮助学员了解各职业路径的优劣势，从而作出明智的职业选择。通过对市场的深入研究，学员能够更好地规划自己的职业发展路径，避免在职业选择中出现盲目性。平台通过这一系列服务，致力于培养出具备国际视野和行业竞争力的数字贸易人才。

第三节　平台运营与管理

一、平台运营管理组织架构

（一）运营团队构建

在构建运营团队时，需特别注重其多元化和专业化的特性。运营团队的核心在于会聚教育专家、行业从业者及技术支持人员，以确保平台在教育、行业实践和技术应用三个维度上都能得到充分的支持。教育专家负责指导课程设计，确保课程内容符合教育目标和行业需求；行业从业者则提供实践经验，帮助学生将理论应用于实际操作；技术支持人员则负责平台的技术维护和创新，确保平台的稳定运行和功能扩展。

团队成员须具备丰富的数字贸易领域经验，这是确保平台内容和实践项目能够紧跟行业发展的关键。经验丰富的成员不仅能够提供高质量的课程设计，还能在实践项目中给予学生有效的指导，帮助他们将理论知识转化为实际能力。在此基础上，明确的岗位职责是团队高效运作的保障。每位成员需清楚自己的职责范围和工作目标，以便在运营过程中充分发挥各自的专长，从而提高整体工作效率。

为了促进团队的持续成长和协作，定期组织培训和交流活动是必不可少的。这些活动不仅能够促进团队成员之间的知识共享，还能增强团队的凝聚力和协作能力。在快速变化的数字贸易环境中，团队的整体素质和应变能力直接影响平台的运营效果。因此，通过培训和交流提高团队的专业水平和创新能力，是保持平台竞争力的关键。

此外，设立绩效考核机制对于激励团队持续改进和创新具有重要意义。通过对团队成员的工作表现和项目成果进行评估，可以识别出优秀的实践和需要改进的领域。这种机制不仅能激励团队成员不断提升自我，还能为平台的长远发展提供数据支持和决策依据。通过科学的绩效考核，团队能够在激励和反馈中不断地优化运营策略，推动平台的持续进步。

（二）部门设置与职能划分

平台的运营管理需要一个有序且系统化的组织架构，以确保各个功能模块的有效运作与协调。运营管理部在其中扮演着核心角色，负责制定和执行平台的整体运营策略。该部门需要密切关注平台的各项功能模块，确保其有效运作，并在必要时进行调整和优化，以适应不断变化的行业需求和技术环境。运营管理部的有效运作是平台成功的基石，它不仅需要具备战略眼光，还需具备出色的执行能力，以确保平台的持续发展和竞争力。

课程开发部则专注于课程内容的设计与更新。随着数字贸易行业的快速发展，课程内容必须与行业需求紧密结合，以提高教学质量和学员的职业竞争力。课程开发部需要与行业专家和教育学者密切合作，确保课程内容的前瞻性和实用性。同时，课程更新的频率和质量直接影响学员的学习体验和平台的声誉。因此，课程开发部需要建立完善的课程评估和更新机制，以动态响应行业的变化和学员的需求，保持课程的创新性和吸引力。

技术支持部在平台的运营中起着至关重要的作用。该部门负责提供技术保障与维护，确保在线学习平台的稳定性和安全性。随着在线教育的普及，学员对平台的稳定性和安全性要求越来越高。技术支持部需要不断地提升技术能力，及时解决用户在学习过程中遇到的技术问题，以保障学员的学习体验。同时，该部门还需关注平台的安全性，防止数据泄露和网络攻击，维护用户的隐私和平台的信誉。

市场推广部负责平台的宣传与推广，其目标是吸引更多学员和企业合作，提升平台的知名度与影响力。该部门需要制定有效的市场策略，利用多种渠道和手段进行平台的推广。市场推广部不仅需要关注学员的数量增长，还需关注学员质量的提高和企业合作的深度。通过与行业协会、企业和教育机构的合作，市场推广部能够拓展平台的影响力，提升其在数字贸易人才培养领域的权威性和竞争力。

评估与反馈部则负责建立评估机制，定期收集学员和企业的反馈。通过分析这些数据，评估与反馈部可以识别平台运营中的不足，并提出改进建议。该部门的工作有助于优化课程和项目，提高人才培养的有效性。通过持续的评估和反馈，平台能够不断完善自身，适应市场变化，满足用户需求，确保其在数字贸易人才培养中的领先地位。评估与反馈部的存在，确保了平台在快速变化的教育和行业环境中，始终保持高效和创新。

（三）组织架构的调整与优化

通过对组织架构的细致分析，可以更好地理解其在推动平台发展中的作用。组织架构的调整不仅涉及对现有资源的重新配置，还需要考虑如何引入新的要素以增强平台的竞争力。通过优化组织架构，平台能够在复杂的市场环境中保持灵活性和适应性，从而更好地支持数字贸易人才的培养与发展。

随着市场需求的不断变化，定期评估和调整课程设置显得尤为重要。这一过程不仅是对现有课程的检验，也是对未来发展方向的探索。通过与行业专家和企业的紧密合作，平台能够及时掌握行业发展的最新动态，并将其转化为课程内容。这种动态调整的机制确保人才培养能够与行业发展保持一致，从而提高学员的就业竞争力和职业发展潜力。同时，这也反映了平台在课程设计上的前瞻性和灵活性。

优化团队结构是提升平台创新能力和多样化视角的重要手段。引入跨学科人才可以为平台注入新的思维方式和创新理念，促进不同领域的知识交叉与融合。这种多样化的团队结构能够更好地应对复杂的市场挑战，并推动平台在课程开发和教学方法上的创新。此外，跨学科团队还能够为学员提供更全面的学习体验，帮助他们在数字贸易领域获得更开阔的视野和技能。

实施灵活的项目管理机制是提高平台整体工作效率的有效途径。通过鼓励各部门之间的协作与资源共享，平台能够更好地整合内部资源，实现效益的最大化。灵活的项目管理机制不仅能够提高工作效率，还能增强团队的凝聚力和创造力。在这种机制下，各部门可以更高效地协调工作，确保项目的顺利推进和目标的实现。

建立反馈机制是持续改进运营策略和服务质量的基础。通过收集学员和企业的意见，平台能够及时发现运营中的问题并进行调整。这种反馈机制不仅有助于提高服务质量，还能增强学员和企业对平台的信任和满意度。同时，反馈机制也为平台提供了宝贵的数据支持，有助于制定更科学和合理的发展策略。

制订长期发展规划和设定明确的绩效指标是促进平台可持续发展的关键。通过明确的发展目标和绩效指标，平台能够更好地规划未来的发展路径，并在实施过程中进行有效的监控和评估。这种规划和评估机制不仅有助于平台的持续优化，还能为平台的创新和发展提供有力的支持。在明确的发展方向和目标指引下，平台能够更稳健地推进产教融合赋能的数字贸易人才培养工作。

二、平台用户管理与服务机制

（一）用户注册与认证管理

在数字贸易人才培养平台的运营中，建立一个高效的用户注册系统，确保学员、教师和企业导师能够便捷地创建个人账户。该系统要求用户填写必要的个人信息和专业背景，以便于平台根据用户的实际需求提供个性化的服务。通过这样的设计，平台能够更好地理解用户的背景，从而在资源分配和课程推荐上提供更有针对性的支持。

为了确保用户身份的真实性和平台的安全性，实施实名认证机制至关重要。通过身份验证，不仅可以提高用户对平台的信任度，还能有效地防止虚假信息的传播和不当行为的发生。这一机制的设计需要考虑用户的隐私保护，确保在验证过程中用户的信息不会被泄露或滥用。同时，实名认证也为建立一个可信赖的学习和交流环境奠定了基础。

用户权限管理功能的设计是平台安全与隐私保护的重要组成部分。根据不同角色（如学员、教师、企业导师），平台需要设置相应的访问权限，以确保信息的安全性。例如，教师和企业导师可能需要访问学员的学习记录和反馈，而学员则可能需要访问课程资源和导师的指导意见。通过合理的权限设置，平台能够在提供丰富功能的同时，保护用户的隐私和数据安全。

为了提升用户体验，平台应提供全面的技术支持，特别是在用户注册和认证过程中。设立在线帮助和反馈渠道，可以及时解决用户在注册过程中遇到的技术问题。这不仅提高了用户的注册成功率，也增强了用户对平台的满意度和忠诚度。通过不断地优化用户注册与认证管理流程，平台能够持续提高服务质量，为数字贸易人才的培养提供有力的支持。

（二）用户行为分析与数据挖掘

在数字贸易人才培养平台的运营中，用户行为分析与数据挖掘是提高教学质量和用户体验的关键环节。建立用户行为监测系统，可以实时收集用户在平台上的学习活动数据，包括课程参与度、学习时间和互动频率。这些数据不仅为教学管理提供了量化依据，还为平台的持续优化提供了数据支撑。通过对这些数据的深入挖掘，平台能够更好地理解用户的学习习惯和需求，进而设计出更具有针对性的教学策略。

数据挖掘技术在用户行为分析中的应用，能够帮助识别出高效学习的特征和低效学习的障碍。这一过程涉及对大量数据的分析与处理，旨在发现用户在学习过程中的行为模式。通过这些模式的识别，平台可以制定出更有效的教学策略，帮助用户克服学习中的困难，提高学习效率。这种基于数据驱动的决策方式，不仅增强了教学效果，也为数字贸易人才的培养提供了更有力的支持。

实施用户画像分析，是平台实现个性化服务的重要手段。通过对用户的学习偏好和行为习惯进行分类，平台能够提供个性化的学习推荐和资源配置。这种个性化服务的实现，依赖对用户数据的深度分析和理解。通过用户画像，平台可以为每位用户量身定制学习路径，推荐最适合其需求的课程和资源，从而提高学习的针对性和有效性。

构建反馈机制，是确保平台用户行为分析结果能够有效应用于教学改进的关键。定期将用户行为分析结果与学员和教师分享，可以促进教学内容和方法的持续改进。这种反馈机制不仅能够帮助教师及时调整教学策略，满足学员的个性化需求，还能增强学员的学习积极性和参与度。通过反馈机制的有效运作，平台可以实现教学质量的持续提高，为数字贸易人才的培养提供更优质的服务。

（三）个性化用户服务与支持

通过提供个性化学习建议，平台能够根据用户的学习进度和兴趣，推荐适合的课程和学习资源。这不仅帮助学员高效掌握知识，还提高了学习的自主性和积极性。个性化建议的实施依赖对用户数据的深入分析，平台通过大数据技术和人工智能算法，精准地捕捉用户的学习习惯和偏好，从而提供量身定制的学习路径。这种个性化的学习体验，不仅能满足学员的个体需求，还能显著增强其学习效果。

在个性化服务中，在线咨询服务的设立是增强学习针对性的重要手段。通过这一机制，学员可以随时向导师和行业专家提问，获取专业指导和解答。这种实时互动不仅提高了学习的深度和广度，还能帮助学员解决在学习过程中遇到的具体问题。在线咨询服务的成功实施，需要平台配备专业的导师团队和高效的沟通工具，以确保咨询的及时性和有效性。此外，这种服务也为学员提供了一个与行业专家直接对话的机会，有助于其职业视野的拓宽。

学员反馈机制的建立，是平台持续优化的重要基础。通过定期收集用户对课程和服务的意见，平台能够及时调整和优化教学内容与支持措施。这不仅提升了用户的满意度，还为平台的长远发展提供了宝贵的数据支持。反馈机制的有效运行，要求平台具备敏捷的响应能力和良好的用户沟通渠道。通过对反馈意见的认真分析和积极回应，平台能够不断地完善自身的服务体系，从而更好地满足学员的需求。

实施个性化学习计划，是帮助学员实现职业发展目标的关键。通过依据学员的职业目标和能力评估，平台制定专属的学习路径。这一过程不仅需要对学员进行全面的能力评估，还需结合行业发展的最新动态，为学员提供前瞻性的学习建议。个性化学习计划的成功实施，依赖平台对市场需求的敏锐洞察和对学员个人发展的深刻理解。通过这种个性化的职业发展支持，平台不仅能提升学员的职业竞争力，还能为行业输送高质量的人才。

（四）用户满意度调查与改进

数字贸易人才培养平台为了全面了解学员对课程内容、教学质量和平台功能的真实感受，建立一个定期的用户满意度调查机制。通过结构化的问卷和深入的访谈，平台能够收集用户的反馈信息。这些信息不仅包括对课程内容的评价，还涵盖教学质量和平台功能的多方面反馈。通过这些细致的数据收集，平台可以识别出学员在使用过程中遇到的具体问题和需求，进而为后续的改进提供科学依据。

分析用户满意度调查结果是改进用户体验的关键步骤。通过对收集的数据进行深入分析，平台可以识别出影响学员学习体验的主要因素。这些因素可能包括课程内容的深度与广度、教师的教学方法、平台的技术支持等。识别这些因素后，平台管理者可以有针对性地进行改进。例如，若发现学员对某些课程模块的满意度较低，平台可以考虑调整课程内容或教学方式，以提高学员的学习兴趣和效果。通过精准的分析和改进措施，平台能够更好地满足学员的学习需求。

根据用户反馈制订改进计划是确保平台服务能够及时适应用户需求变化的重要手段。平台应优先解决学员反映最集中的问题，以提升整体用户体验。制订改进计划时，需要综合考虑平台的资源和技术条件，确保改进措施具有可操作性和实际效果。通过快速响应用户的反馈，平台不仅能够提高用户的满意度，还能增强用户的忠诚度和信任感。这种积极的反馈循环将促进平台的持续优化和发展。

定期向用户公布满意度调查的改进措施和成效，有助于增强用户的参与感和信任度。通过透明的沟通，用户能够清楚地看到自己的反馈意见如何被采纳和实施，这将极大地提高他们对平台的信任。同时，公布改进措施也能激励更多用户参与满意度调查，形成良性循环。通过这种方式，平台不仅能够持续优化服务质量，还能在用户群体中树立良好的口碑，为未来的发展奠定坚实的基础。

三、平台盈利模式

（一）基于用户订阅的服务收费模式

数字贸易人才培养平台通过提供灵活的付费选项，使学员能够根据个人需求选择适合的课程和服务，从而提升整体用户体验。在这一模式下，平台不仅能够满足学员的个性化学习需求，还能通过多样化的课程设置，吸引不同背景和需求的用户群体。这种灵活性和个性化的服务模式，进一步增强了用户对平台的依赖性和满意度。

通过用户订阅模式，平台能够建立稳定的收入来源，这对于支持持续的课程开发与更新至关重要。稳定的收入流使平台能够不断地投入资源进行教育内容的更新，确保其时效性和实用性。这种持续的内容更新不仅能够保持平台的竞争力，还能吸引更多的用户加入，从而形成一个良性循环。此外，稳定的收入也为平台提供了进行创新和扩展服务的资金支持，助力其在激烈的市场竞争中立于不败之地。

订阅用户享有专属的学习资源和服务，如个性化辅导和职业发展咨询，这显著地增强了用户的参与感和忠诚度。通过提供这些增值服务，平台能够在激烈的市场竞争中脱颖而出。个性化辅导帮助学员在学习过程中获得更多的关注和支持，而职业发展咨询则为他们提供了清晰的职业规划和指导。这种全面的支持体系不仅增强了用户的学习效果，也增强了他们对平台的信任和依赖。

引入分级订阅制度是用户订阅模式的一个重要创新。通过提供不同层次的服务，平台能够满足不同用户的学习需求和预算，从而吸引更广泛的受众群体。这种分级制度使平台能够为不同的用户提供量身定制的学习体验，既能满足高端用户的深度学习需求，也能为预算有限的用户提供基础的学习支持。这种灵活的服务模式，有助于平台在市场中占据更大的份额。

用户订阅模式不仅促进了平台与学员之间的互动，还为平台与企业的合作创造了机会。企业通过订阅模式可以获取定制化的人才培养方案，提高人力资源的匹配度和效率。这种合作模式使企业能够根据自身的需求，灵活调整人才培养计划，从而提高员工的专业能力和适应性。平台通过与企业的合作，不仅拓展了市场，还提升了自身的品牌价值和影响力。

（二）企业合作的项目咨询收费

企业在快速变化的市场环境中，面临着不断更新的人力资源需求和行业标准。通过与平台合作，企业能够获得量身定制的人才培养方案。这些方案不仅满足企业的特定需求，还确保其员工具备最新的行业技能和知识，从而有效地应对市场变化。这种定制化服务使得企业在制定招聘与培训策略时，更具有针对性和前瞻性，确保在激烈的市场竞争中占据优势地位。

项目咨询服务在企业合作中扮演着至关重要的角色。平台通过对市场趋势的深入分析和对人才需求的精准预测，帮助企业制定科学的招聘与培训策略。这种服务不仅是对当前市场状况的分析，还包括对未来市场发展的预测与建议。企业借助平台的专业洞察，可以更好地理解市场动态，提前做好人力资源规划，从而在数字贸易领域实现可持续发展。这种前瞻性的咨询服务，大大提升了企业的战略决策能力。

在企业合作项目咨询中，行业最佳实践的分享是一个重要环节。平台通过整合行业内外的成功案例和经验，为企业提供创新思维和实践指导。通过分享这些最佳实践，企业能够在数字贸易领域不断地创新和提升。平台不仅是知识的传播者，还是企业创新发展的推动者。通过这种合作，企业能够不断地优化其运营模式和业务流程，提升市场竞争力，实现业务的持续增长和发展。

通过项目咨询，企业获得的不仅是建议和方案，更是专业的指导与支持。平台在合作过程中，提供全方位的咨询服务，帮助企业提升在数字贸易市场中的竞争力和适应能力。这种支持不仅体现在技术和策略层面，还包括对企业文化和组织变革的指导。通过与平台的深入合作，企业能够在数字贸易领域建立更稳固和灵活的市场地位，确保在快速变化的市场环境中始终保持领先。

（三）广告投放与品牌宣传收入

数字贸易人才培养平台通过精准的市场定位，能够提高广告效果和转化率，吸引更多企业参与合作。市场定位的精准性不仅能够确保广告内容的相关性，还能有效地触达目标受众，从而提高广告的转化率。企业在选择广告投放平台时，通常会考虑平台的受众群体与自身产品或服务的契合度。因此，数字贸易平台通过分析用户数据，了解学员的学习行为和需求，能够为企业提供更有针对性的广告投放方案。这种精准投放策略不仅增强了广告的效果，也增强了企业的合作意愿，为平台带来了稳定的收入来源。

品牌宣传收入不仅为平台提供了资金支持，还能有效地提升平台的知名度。通过品牌宣传，平台能够吸引更多学员和企业的关注与参与。品牌宣传的成功与否直接关系到平台在行业内的影响力和竞争力。通过打造强有力的品牌形象，平台能够在激烈的市场竞争中脱颖而出。品牌的知名度提升后，平台可以吸引更多的优质企业合作伙伴，这不仅有助于扩大平台的市场份额，还能为学员提供更多的学习和就业机会。品牌宣传策略的制定需要结合平台的核心价值观和市场定位，以确保品牌形象的统一性和吸引力。

通过与相关企业合作进行广告投放，平台能够实现资源共享，促进双赢局面形成。这种合作模式不仅增强了平台在行业内的影响力，还为企业提供了一个展示和推广其产品或服务的有效渠道。资源共享的核心在于平台与企业之间的互利互惠关系。企业通过平台的广告投放，能够接触更多的潜在客户，而平台则通过企业的资金支持，提高自身的运营能力和服务水平。这种合作模式的成功实施，依赖平台与企业之间的紧密沟通与协作，以确保双方利益的最大化。

广告投放的个性化定制是提升广告相关性和用户体验的重要手段。通过分析学员的学习行为和需求，平台可以为广告主提供定制化的广告投放方案。这种个性化定制不仅提升了广告的相关性，还增强了用户的广告体验，从而提高了广告收入。个性化广告能够更好地满足用户的兴趣和需求，减少广告对用户的干扰，提升用户的满意度。平台通过技术手段分析用户数据，能够精准地定位用户的兴趣点，为广告主提供更具价值的投放建议。这种个性化服务不仅增强了广告的效果，也增强了平台的竞争优势。

四、平台资源整合与合作伙伴关系管理

（一）平台资源整合与优化

数字贸易人才培养平台通过整合多方资源，建立跨界合作网络，可以有效地促进教育机构、行业企业和政府部门之间的信息共享与协作。这种整合不仅能提高人才培养的针对性与有效性，还能为学员提供更广泛的学习资源和实践机会。在数字贸易领域，市场需求和技术更新速度极快，因此，平台资源的整合与优化需要持续进行，以确保培养方案的前瞻性和实用性。这种整合策略有助于培养出能够适应快速变化市场环境的高素质人才。

优化课程内容与教学方法是资源整合过程中至关重要的一环。数字贸易行业的快速发展要求教育机构必须结合行业需求与市场动态，不断地更新课程内容和教学方法。通过与企业合作，教育机构可以获得最新的行业信息和技术进展，从而调整课程设置，确保培养方案能够满足市场的实际需求。这种动态调整机制不仅提升了学员的就业竞争力，也增强了教育机构在数字贸易人才培养中的竞争力。通过优化教学方法，学员能够更好地掌握行业所需的技能，提高其在就业市场中的竞争力。

为了确保培养方案的持续优化，实施定期的需求调研与反馈机制是必不可少的。通过定期调研市场需求和技术进步，教育机构能够及时调整课程设置和培养方案，以适应不断变化的市场环境。这种动态调整机制不仅有助于保持课程内容的前沿性，还能确保人才培养的方向与市场需求保持一致。同时，通过

收集学员和企业的反馈信息，教育机构可以更好地了解培养方案的实际效果，从而进行更精准的调整和优化，确保培养出符合行业需求的人才。

推动校企联合开发实训项目是提升学员实践能力与创新思维的有效途径。通过与企业合作开发实训项目，学员能够在真实的工作环境中锻炼技能，提升职业素养和市场适应性。这种实践导向的培养方式，不仅能增强学员的实际操作能力，还能培养其创新思维和解决问题的能力。通过参与实训项目，学员能够更好地了解行业动态和企业需求，为其未来的职业发展奠定坚实的基础。这种校企合作模式在数字贸易人才培养中具有重要的推动作用。

（二）合作伙伴筛选与评估

在数字贸易人才培养平台的建设中，合作伙伴的筛选与评估是关键环节。合作伙伴的行业背景与专业能力直接关系到平台能否实现其人才培养目标。选择具备丰富经验和资源的合作伙伴，能够为平台提供强有力的支持。尤其在数字贸易领域，合作伙伴的专业能力不仅体现在其对行业趋势的把握，还反映在其资源整合与利用的能力上。因此，明确合作伙伴的行业背景和专业能力，是确保合作伙伴能够有效支持平台目标的基础。

在选择合作伙伴时，评估其市场影响力和声誉是不可或缺的步骤。一个在行业内享有良好口碑的企业，能够为平台增添可信度与吸引力。这不仅有助于吸引更多优质的合作资源，也能提高平台在行业内的知名度和影响力。市场影响力强的合作伙伴，往往在资源获取和整合方面具备优势，这也为平台提供了更多的可能性。因此，选择市场声誉良好的企业作为合作伙伴，是提升平台整体形象和竞争力的重要策略。

合作伙伴的资源整合能力是评估中的一个重要方面。一个优秀的合作伙伴应能够为平台提供丰富的实习、项目和课程开发支持，实现资源的有效共享。这种资源整合能力不仅体现在数量上，更重要的是质量和适配性。通过整合不同类型的资源，合作伙伴能够帮助平台提供多样化的学习和实践机会，进而提高平台的整体教学质量和吸引力。因此，对合作伙伴资源整合能力的分析，是确保平台能够提供高质量教育资源的重要保障。

在数字贸易领域，技术的更新换代速度极快。因此，合作伙伴的创新能力与技术水平也是评估中的重要考量因素。选择能够引入先进技术和理念的企业作为合作伙伴，能够有效地推动平台的持续发展与升级。合作伙伴的创新能力不仅体现在技术层面，还包括其在教育理念上的创新。这种创新能力能够帮助平台保持在行业中的领先地位，并不断地提高其教育教学的现代化水平。

为了确保合作伙伴关系的长效发展，建立合作伙伴的绩效评估机制至关重要。通过定期评估合作效果与成果，平台能够动态优化合作关系。这不仅有助于及时发现并解决合作中的问题，也能确保合作伙伴关系的健康发展。绩效评估机制的建立，能够为平台和合作伙伴提供一个清晰的合作目标和发展方向，从而实现合作的最大化效益。因此，建立科学合理的绩效评估机制，是确保合作伙伴关系长效发展的关键。

（三）合作伙伴关系维护与深化

合作伙伴关系的有效管理不仅能够增强平台的资源整合能力，还能提高整体运营效率。建立定期沟通机制是维护合作伙伴关系的重要手段。通过定期的沟通与交流，合作伙伴之间能够保持信息的流通与资源的共享。这种机制不仅能够促进合作伙伴之间的信任，还能为平台的发展提供新的思路和解决方案，从而实现共同发展。信息流通的畅通无阻是确保合作伙伴关系长久稳固的基础。

为了进一步提升合作伙伴的专业能力与行业认知，开展联合培训与研讨活动显得尤为重要。这些活动可以为合作伙伴提供一个互相学习和交流的平台，促进经验分享和技术创新。通过培训和研讨，合作伙伴可以更好地了解行业趋势和市场需求，从而在合作中发挥更大的作用。这不仅增强了合作的深度，也提高了合作伙伴在行业中的竞争力。联合培训和研讨活动是深化合作伙伴关系的重要举措，有助于形成更紧密的合作网络。

合作协议的制定是确保合作关系稳定性与可持续性的法律保障。在合作协议中，明确各方的责任与义务，能够有效地避免在合作过程中出现的误解和冲突。协议的内容应涵盖合作的各个方面，包括资源共享、利益分配以及风险承担等。通过明确的合作协议，各方可以在合作中有章可循，确保合作关系的和谐与长久。合作协议是合作伙伴关系的基石，其重要性不容忽视。

定期评估合作成果是优化合作方式的重要步骤。通过对合作效果与市场反馈的分析，合作伙伴能够清楚地了解合作的成效以及存在的问题。这种评估不仅有助于识别合作中的短板，也为调整合作策略提供了数据支持。通过及时调整和优化，合作伙伴关系能够更好地适应市场的变化和需求。定期评估是合作伙伴关系管理的必要环节，有助于提高合作的效率。

五、平台数据安全与隐私保护策略

（一）平台数据存储与传输加密

数字贸易人才培养平台采用先进的加密算法对用户数据进行存储，确保敏感信息在数据库中的安全性。这种加密方式不仅可以有效地防止数据泄露，还能避免数据被恶意访问，确保用户信息的机密性。在数据传输过程中，使用SSL/TLS协议进行加密是保障用户与平台之间数据交换安全的重要手段。此协议能够有效防止中间人攻击，确保数据在传输过程中不被窃取或篡改，为用户提供一个安全的交互环境。

为了确保加密措施的持续有效性，平台需要定期进行数据安全审计。通过审计，平台可以评估现有加密措施的有效性，并及时更新和修补潜在的安全漏洞。这种动态的安全评估机制不仅能提升平台的安全防护能力，还能为用户提供更可靠的数据保护服务。此外，实施访问控制策略也是数据保护策略中的重要组成部分。通过限制对敏感数据的访问权限，仅允许经过授权的用户访问相关信息，可以有效地增强数据保护的层级性，防止未经授权的访问。

建立数据备份和恢复机制是确保用户数据完整性与可用性的基础保障措施。在数据丢失或损坏的情况下，能够迅速恢复数据不仅是对用户数据的尊重，也是平台运营稳定性的体现。通过定期备份和完善的恢复机制，平台可以在突发情况下迅速响应，减少数据丢失带来的不利影响，确保用户数据的安全与完整。综上所述，平台数据存储与传输加密策略的实施，是保障数字贸易人才培养平台安全运营的基础，为用户提供了一个安全、可靠的学习和互动环境。

（二）平台用户隐私信息的分级保护

平台用户隐私信息的分级保护是数字贸易人才培养平台运营中至关重要的一环。建立用户信息分级管理制度是确保用户隐私信息安全的基础。根据用户的角色和信息敏感性进行分类，可以有效地对不同级别的信息实施相应的保护措施。例如，高级别敏感信息可能涉及用户的个人身份信息和财务数据，这些信息需要更严格的加密和访问控制。而低级别的信息则可能只需要基本的保护措施。这样的分级管理制度不仅能提高信息安全性，还能优化资源配置，使平台运营更高效。

在此基础上，实施数据访问控制策略是确保用户隐私信息安全的关键步骤。通过严格的授权机制，仅允许经过验证的用户访问特定级别的信息，可以有效地防止未授权访问和数据滥用。这种策略需要结合技术手段和管理措施，确保访问控制的有效性和灵活性。同时，定期审查和更新访问控制策略，以应对不断变化的安全威胁和技术进步，确保平台的安全性和稳定性。

定期进行隐私风险评估是识别潜在安全隐患的重要手段。通过系统化的评估流程，可以及时发现平台在隐私保护方面的薄弱环节，并迅速采取相应的改进措施。这不仅有助于提高用户隐私信息的安全性，还能增强用户对平台的信任。此外，隐私风险评估还应包括对新技术和新业务流程的潜在风险的分析，以确保平台在快速发展的同时不忽视安全问题。

提供用户隐私保护培训是提高用户隐私保护意识和能力的重要措施。通过系统化的培训计划，用户可以了解个人信息保护的基本原则和方法，增强其在使用平台时的安全意识。培训内容应结合实际案例分析，使用户能够更好地理解隐私保护的重要性和具体措施。这种主动参与的方式不仅能提高用户的安全意识，还能推动平台整体安全水平的提高。

建立隐私信息泄露应急响应机制是确保在发生数据泄露事件时能够迅速采取措施的重要保障。该机制应包括明确的应急响应流程、责任分配和沟通渠道，以确保在事件发生后能够迅速控制事态，减少对用户的影响。定期演练和更新应急响应机制可以提高其有效性，确保平台在面对突发事件时具备足够的应对能力。通过这些措施，平台可以在保障用户隐私信息安全的同时，增强用户对平台的信任和依赖。

（三）平台访问与操作日志监控

通过建立全面的访问日志记录系统，平台能够实时监控用户的登录、操作和退出行为。这不仅有助于后续的审计和安全分析，还能为识别潜在的安全威胁提供基础数据。日志记录系统的设计需要考虑各类用户的不同操作行为，确保能够全面覆盖所有关键操作节点。这一系统的有效运行是平台安全管理的重要组成部分，为平台的稳定运营提供了坚实的保障。

为了进一步提升平台的安全性，实施异常行为检测机制是必要的步骤。通过自动识别和报警可疑的访问活动，平台能够及时响应潜在的安全威胁。这一机制需要依托先进的数据分析技术，能够快速识别出与正常行为模式不符的操作。通过对异常行为的实时监控，平台可以在威胁发生的初期阶段采取相应的措施，防止安全事件的进一步扩大。同时，异常行为检测也为平台的安全策略调整提供了重要依据，有助于不断完善平台的安全防护体系。

定期生成访问与操作日志报告是平台优化和用户体验改进的重要手段。通过分析用户行为模式，平台管理者可以获得关于用户使用习惯和需求的深入洞察。这些数据不仅可以用于提升平台的用户体验，还能为平台功能的优化提供数据支持。在报告生成过程中，需要确保数据的准确性和完整性，以便于进行科学的分析和决策。此外，报告的生成频率和内容也应根据平台的实际需求进行调整，以最大化其应用价值。

确保访问日志的安全存储与备份是维护用户数据完整性和可追溯性的关键。日志数据的丢失或篡改不仅会影响平台的安全性，还可能对用户的隐私造成威胁。因此，在日志管理过程中，需要采用先进的加密技术和安全存储方案，防止数据泄露。同时，定期的备份操作也能有效地降低数据丢失的风险，为平台的稳定运行提供保障。通过这些措施，平台能够在数据安全方面建立强有力的防线。

提供用户访问权限的动态管理功能是增强平台安全性与灵活性的有效手段。根据用户的角色和行为调整访问权限，能够有效地防止未经授权的访问和操作。动态管理功能需要依托灵活的权限配置系统，能够根据用户的实际需求和操作习惯进行动态调整。这不仅提高了平台的安全性，还为用户提供了更个性化的使用体验。在权限管理过程中，需要保持对用户行为的持续监控，以便于及时调整权限策略，确保平台的安全和高效运营。

参考文献

[1] 黄佳. 产教融合一体化育人策略与实践 [M]. 北京：中国原子能出版社，2021.

[2] 马玉荣. 数字经济与贸易概论 [M]. 北京：首都经济贸易大学出版社，2022.

[3] 胡建海. 基于产教融合的高校跨境电商人才培养模式创新研究 [M]. 北京：中国原子能出版社，2023.

[4] 徐磊，王莉姗，李果. 数字经济赋能的新商科应用型人才培养模式探索与实践 [M]. 天津：天津大学出版社，2022.

[5] 何敬业. 基于产教融合背景下的创新创业人才培养研究 [M]. 长春：吉林教育出版社，2021.

[6] 万力维，常文磊，周俊，等. 自由贸易港建设背景下海南职业本科教育人才培养研究 [M]. 北京：对外经济贸易大学出版社，2022.

[7] 高鹤，关嘉麟. 数字贸易 [M]. 北京：首都经济贸易大学出版社，2024.

[8] 王培松. 产教融合视域下高职教学管理理论与实践研究 [M]. 长春：吉林科学技术出版社，2021.

[9] 姜伟星. 产教融合理念下校企合作人才培养理论与实践研究 [M]. 天津：天津科学技术出版社，2023.

[10] 胡晓锋. 数字经济时代智能财务人才的培养与实践研究 [M]. 长春：吉林出版集团股份有限公司，2022.

[11] 杜振华. 数字贸易 [M]. 北京：北京邮电大学出版社，2024.

[12] 杨春林. 产教融合背景下高校“双师双能型”师资队伍建设的探索与实践 [M]. 北京：北京工业大学出版社，2021.

[13] 金慧慧. 产教融合人才培养生态系统构建研究 [M]. 北京：九州出版社，2023.

[14] 张春玲. 数字经济背景下中国跨境电商发展与人才培养研究 [M]. 北京：中国文联出版社，2024.

[15] 张金哲. 高校产教融合理论与模式探索 [M]. 长春：吉林人民出版社，2023.